슬픔을 사랑한 여행자

슬픔을
사랑한
여행자

흔돌 지음

열림원

어둠을 버리면
빛도 잃게 된다

사빛, 산, 엘리에게

글쓰기에 앞서

박수받는 삶보다 침묵이 바라보는 삶을 살았어야 했다. 나를 떠난 노래들은 어디서 무얼하며 지내는지, 떠날 때 안아주지 못해서 미안하기만 하구나. 책장 정리하다가 빛바랜 악보를 발견했다. 눈물이 글썽거렸다. 이 눈물은 뭐지? 젊은 시절 나의 창피한 모습이 떠올랐다. 그래도 아이들한테는 나의 창피한 모습을 얘기해줘야 한다고 생각했다. 11년 만의 녹음이다. 나이 들어 노래하는 게 어렵겠지만 잘 부르려고 애쓰지는 않았다. 아내가 말했다. "한 번 부르나 열 번 부르나 별 차이 없으니 잘하고 오시오." 첫 노래(길은 멀어도)를 부르는데 울컥 눈물이 난다. 52년 전, 입영통지서를 받고 만든 노래다. 나를 찾아서 떠난다고 했는데 그 시절 슬픔의 그림자가 아직도 내 주위를 서성이고 있는 걸 보면 여태 나를 찾지 못한 것 같다. 두 번째 노래(헛꿈)를 부르는데 또 눈물이 고인다. 이 노래는 45년 전, 뜬구름 잡으려고 방황하던 시절의 내 모습이다. 아까운 청춘을 너무 허무하게 보냈다. 이제 와 지난날의 노래를 부르는 게 무슨 의미가 있겠느냐마는 적어도 내 아이들과 손자들에게, 사랑 없이 산다는 게 얼마나 부질없는 일인가를 말해주고 싶었다. 아내가 예상한 대로 노래는 잘 못 불렀지만 그래도 나는 기뻤다. 아직 나에게 눈물이 남아 있었다.

차례

글쓰기에 앞서 … 6

새잎 … 11
빈 마음 … 20
국화와 붕어 … 27
길 끝 … 43
사막, 고비에서 … 53
불씨 … 64
섬진강 … 73
제다움 … 82
가지꽃 … 91
개밥에 도토리 … 101
슬픈 우리 아빠 … 111
길은 멀어도 … 120
비 오는 날의 가단조 … 132
껍데기 세상 … 142
새나알뫼 … 156

아무도 없는 학교 ⋯ 167

금강초롱 ⋯ 175

무궁화 ⋯ 182

땅 ⋯ 193

뒤돌아보는 길 ⋯ 200

헛꿈 ⋯ 213

쓸쓸한 사람 ⋯ 226

하루살이 ⋯ 236

아리랑꽃 ⋯ 248

숨은그림찾기 ⋯ 255

해 지는 소리 ⋯ 268

갈 수 없는 고향 ⋯ 278

들에 핀 꽃 ⋯ 288

험한 산 넘어서 ⋯ 297

헛살았네 ⋯ 308

글을 마치며 ⋯ 326

새잎

미움이 사랑 되고
슬픔이 기쁨 되는

　복은 받는 것이 아니라 스스로 만들어야 한다는 생각이 든다. 그래서 나는 '새해 복 많이 받으세요'라고 하지 않고 '새잎 돋아나시기를!', 아이들에게는 '새잎 나왔니?'라고 새해 인사를 한다. 저 멀리 바다로 산으로 달려 새해 소원을 비는 사람들과는 달리 나무들은 봄날에 조용히 제자리를 지키며 새잎을 틔운다. 스스로 새잎을 틔우니 꽃도 피우고 열매도 맺는다. 이런 것이 복 아닌가? 복이란 제 할 일에 최선을 다한 사람에게 주어지는 하늘의 선물이다. 그냥 가만히 앉아서 행운을 기다리는 사람에게는 복이 찾아가지 않는다.

새잎은 사람을 가리지 않는다. 새잎은 하늘이고 누구에게나 돋아난다. 꿈을 이룬 사람도, 꿈을 이루지 못한 사람도 시작은 새잎이었다. 새잎을 틔우려면 묵은 잎을 떨궈야 하는데 사람들 대부분은 그걸 하지 않는다. 어제의 잎을 붙들고 있어 봐야 오늘 걸어가는 길에 방해만 될 뿐이다. 나는 붉게 물든 단풍보다 아기 웃음 같은 귀여운 새잎을 좋아한다. 단풍잎도 예쁘지만 맑고 고운 새잎은 찌든 마음을 씻어주기 때문이다. 나무들은 단풍으로, 새잎으로 사람들을 즐겁게 해주는데 사람들은 그걸 당연하다 여긴다. 파릇파릇 돋아난 새잎 하나하나가 다 기쁨이거늘 사람들은 그걸 보지 못하고 꽃이 피어나기만을 기다린다.

욕심이 가득하면 꽃이 잡초로 보이고, 사랑이 가득하면 잡초가 꽃으로 보인다. 누구나 새잎 시절이 있을 텐데 어떤 이는 꽃으로 살고 어떤 이는 잡초로 산다. 나쁨을 가꾸면 좋음이 피어나지만 좋음을 가꾸지 아니하면 나쁨이 드러난다. 영원할 것 같은 사랑도 가꾸지 아니하면 시든다. 땅도 가꾸지 아니하면 잡초가 자라지 않던가. 일 년에 단 한 번만이라도 마음 갈이를 해야 하는 까닭이다.

    산에서 길을 잃고 헤맨 적이 있었다. 산에서는 해가 금방 진다는 걸 알면서도 길을 믿었다가 어둠을 맞이했다. 자연이 관장하지 않는 믿음은 함부로 따를 것이 아니다. 옷이 찢어지고 손에서 피가 나는 줄도 모르고 숲을 헤쳐나갔다. 북극성은 북극성일 뿐, 두려움은 좀처럼 떨어져 나가지 않았다. 아무도 살지 않는 폐가를 발견하고는 살았다는 긴 한숨을 쉬었다. 동틀 무렵, 저 멀리 새잎처럼 돋아나는 해를 바라보는데 눈물이 고였다. 나는 언제쯤 나를 용서할 수 있을까! 내 마음은 왜 이리 황폐할까? 목 놓아 울지는 않았지만 목 놓아 소리쳤다.

    용서는 새잎을 돋아나게 하는 훌륭한 거름이다. 사랑도 그러하고 '괜찮다, 괜찮다'라는 말도 그러하다. 하지만 남을 사랑하는 일도 어렵고 용서하는 일은 더더욱 어렵다. 새해 다짐이라는 것도 날마다 다듬어야 하는데 그러하지 않으니 오래가지 못하는 것이다. 꿈에 기대어 일생을 망치는 사람이 얼마나 많은가. 가꾸지 아니하고 기대기만 해서 그리된 것이다. 봉우리에 오르려고 애쓰지 마라. 봉우리는 바라보는 것만으로도 족하다. 농약에 찌든 꿈으로 봉우리에 올라봐야 오래 서 있지 못한다.

 빛 속을 걷다가 어둠 속으로 툭 떨어졌다. 그때 나는 어둠을 헤쳐나갈 능력도 없었고 어둠이 물러날 때까지 버틸 실력도 없었다. 세상에 기댈 사람 하나 없다고 생각하니 눈앞이 캄캄했다. 멀리서 별빛이 날아와 어루만져주지 않았더라면 나는 그 자리에서 얼어 죽고 말았을 것이다. 얼마나 고마웠던지 별을 바라보며 눈물을 글썽거렸다. 아무것도 보이지 않아서 두려운 게 아니라 아무것도 생각나지 않아서 두려웠다. 지금까지 내가 살아온 건 그야말로 '하늘이 보우하사'라고 할 수 있다.

 옛날에 어느 아버지가 말썽꾸러기 아들에게 입고 싶어 하는 옷을 사주면서 말했다. "꿈은 날마다 새 옷이어야 한다." 아들은 그게 무슨 말인지 몰랐다. 아버지는 배우였다. 아들은 주정뱅이 아버지를 미워했을 뿐, 아버지가 뭘 하는 사람인지 알지 못했다. 아버지가 하늘나라로 떠나던 날에도 아버지에 대한 아들의 원망은 변함이 없었다. 어느 날, 아들은 우연히 아버지가 출연한 영화를 보았다. 그 영화를 보고 아들은 눈물을 펑펑 쏟으며 아버지를 그리워했다. 그 영화에서 아버지는 지나가는 엑스트라로 잠깐 나왔을 뿐이었다. 어느 날 아들의 가슴에 새잎이 돋아났다. 뒷날 아들은 훌륭한 배우가 되었고 꿈은 날마다 새 옷이어야 한다는 아버지의 말을 되새겼다. 아들은 아버지가 사준 옷이 헌 옷이 되었는데도 새 옷처럼 입고 다녔다.

    아이들을 잘못 키웠다는 죄책감이 나를 끝까지 따라다니면서 괴롭힌다. 내가 아버지를 미워했던 것처럼 내 아이들도 나를 미워했을 것이다. 내가 아버지에 대한 미움을 거두면 내 아이들도 나에 대한 미움을 거두려나? 아니다. 그냥 내버려둬야 한다. 이 세상 모든 슬픔과 불행은 새잎이 해결한다. 늦었지만 폐허가 된 마음을 일구어 씨앗을 뿌려봐야겠다. 아들이 군대 가기 전에 문신을 새겼는데 결혼하고 나서는 지우고 싶다고 말했다. 팔목에도 있고 빗장뼈 밑에도 있어 여름에도 긴소매 옷을 입고 다닌다. 내가 말했다. 그냥 내버려두어라. 지금부터라도 마음을 일구어 꽃밭을 만들어보렴. 그렇게 말했지만 내 마음은 슬펐다. 뒤늦게 아이들이 입고 싶은 옷을 사 주고 싶은데 아직도 아이들이 무슨 옷을 좋아하는지 모르니 말이다.

하고 싶었던 일이 꺾일 때마다 마음속에 상처가 생겨났다. 그 자리에 새잎이 돋아나 가려주었으면 좋겠는데 상처는 흉터로 남아 그날의 일을 생각나게 해준다. 누가 내 흉터를 보고 나를 피하는 것이 아니라 내가 내 흉터를 보고 사람들을 피하는 게 너무 슬펐다. 언젠가 베란다 벽에 페인트를 칠하는데 잘못하여 전등갓에 묻었다. 지우기도 어렵고 해서 내버려두었는데 처음에는 그것이 흉해 보이더니 나중에는 무늬처럼 자연스럽게 보였다. 나무는 제 몸에 생겨난 상처를 보듬고 사랑한다. 나는 왜 옹이를 만들지 못하는가?

마음을 정리하려고 산에 갔다. 어디에선가 물소리가 들린다. 봄소식을 알리는 거로군! 살얼음 밑으로 물이 흐르는 것을 보니 마음속에 샘이 솟는 것 같다. 맑고 눈부신 물, 물도 아이일 때가 있었구나! 어른이 된 물은 아이 때 물을 생각해야 한다. 다 자란 사람을 어른이라고 하면 다 자란 물은 강물이라고 해야겠네. 어른과 강물의 공통점은 탁하다는 것이다. 얼음장 밑으로 흐르는 물소리가 나를 깨우니 탁한 마음에 새잎이 돋는다. 졸졸졸졸……. 아이처럼 맑은 물, 물에도 새잎이라는 게 있구나. 맑은 물아, 부디 머물지 말고 흘러라. 물이 물을 버리니 이렇게 맑구나! 마음만 먹으면 어린 날의 물이 될 수 있다. 바다가 된 늙은 강물이 산으로 가는 것처럼.

모르는 사람한테서 편지가 왔다. 편지를 읽어보니 무언가 희망을 찾고 싶은 마음이 담겨 있었다. 또박또박 정성 들여 쓴 편지는 예쁜 편지지 다섯 장 분량이었다. 자신을 한 아이의 엄마라 하였고 한때는 클럽에서 노래했던 가수였다고 말했다. 편지 중간쯤에 이런 얘기가 있었다. 자기는 암 환자인데 밤에 잠을 이룰 수 없어서 병원에서 주는 약을 늘렸지만 아무 소용이 없다는 것이었다. 그러던 어느 날 우연히 어떤 노래를 들었는데 잠이 잘 와서 그 가수가 누군가 봤더니 바로 나였다는 것이다. 나는 그 글을 보고 얼마나 고마웠는지 모른다. 아무도 나를 가수로 인정해주지 않았는데 칭찬까지 받은 것이다. 아, 내가 드디어 가수가 되었구나! 그건 놀라운 일이었다. 그 편지에 힘입어 나는 불면증 환자들을 위해서 노래를 계속하기로 했다. 카세트테이프 앞면을 듣기도 전에 잠이 온다고 하니 나는 불면증 환자가 찾아낸 훌륭한 가수였다. 그런가 하면 욕을 먹은 적도 있었다. 똑같은 카세트테이프를 어느 선배한테 줬는데, 어느 날 짜증스럽게 말하는 것이었다. "너 앞으로 노래하지 마라. 내가 네 노래를 듣고 운전하다가 큰 사고가 날 뻔했다." 그렇다면 정말 나는 가수 하면 안 되는 것이었다.

어느 날이었다. 어여쁜 사람이 아이 손을 잡고 내 작업실을 찾아왔다. 자기가 편지를 보낸 사람이라고 하면서 자기 아들을 가리키며 "이 아이가 희망입니다"라고 말했다. 그리고 자기 머리는 가발이며 이제 머리카락이 조금씩 자라고 있다고 말했다. 느닷없는 방문이었지만 나는 그녀를 반갑게 맞이했다. 그리고 그녀의 가슴에서 돋아난 새잎을 보았다. 말은 하지 않았지만 나는 그녀의 새잎을 위해 노래를 만들어 줘야겠다고 마음을 먹었다. 그녀가 빨리 회복해서 다시 노래를 부른다면 얼마나 좋겠는가. 나는 열심히 노래를 만들었다. 그런데 그것이 한 해가 지나서야 완성할 수 있었다. 그사이 그 사람은 주소도 모르는 하늘나라로 이사 가고 말았다. 아, 내가 조금만 더 일찍 노래를 만들었다면 그녀가 노래하는 모습을 보았을 텐데…….

얼었던 시냇물이
풀려서 흘러가듯
시린 가슴에 묵은 슬픔도
흘러가면 좋겠네
어두운 꿈길에서
별을 찾는 나그네여
그대 외로운 발걸음마다
꽃이 피면 좋겠네
내가 봄이 되어 봄바람으로
그대 겨울로 스며 들어가
춥고 서러운 그대 가슴에
새잎 되고 싶다
미움이 사랑 되고
슬픔이 기쁨 되는
해거름 하늘에 꽃구름처럼
꿈이여 다시 한번

-「새잎」, 1989/2025

빈 마음

옷장을 깨끗이 비우는 게 비움인가
입지 않는 옷을 버리는 게 비움인가

예전엔 빈 하늘 보고 하늘도 외로울 때가 있구나, 했는데 이제는 생각이 좀 바뀌었다. 하늘이 하늘을 비우는 건 뭉게구름, 비구름, 꽃구름이 마음껏 놀다 가라고 그러는 거다. 고요한 바다에 큰바람 찾아와 모든 걸 휘저어놓아도 바다는 찌푸리지 않고 품는다. 그런 바다를 보면 모든 걸 다 받아주는 것이 비움의 근본이라는 걸 알게 된다. 사람이 날마다 새롭지 않은 건 비우는 법을 모르기 때문이다.

아무것도 없는 들판은 없다. 가난한 마음이라 말하지 마라. 있던 게 사라졌다 해서 초라한 것은 아니다. 푸른 들판을 보다가 겨울 들판을 보니 그러한 게지. 언 땅 밑에서 봄을 기다리고 있는 희망을 보라. 빈 들판을 어찌 가난하다 하리오. 땅도 건강해야 비울 수 있고 새잎 돋는 기쁨도 누릴 수 있는 거지, 마음이 병약한데 어찌 마음을 비울 수 있으며 새잎 돋기를 바랄 수 있겠는가?

행복이 찾아오면 불행이, 기쁨이 찾아오면 슬픔이 기웃거린다. 마음속을 채웠던 그 무엇이 사라지면 또 다른 무엇이 채울 준비를 하고 있다는 거겠지. 인생은 되풀이다. 피면 지고 지면 피고, 기울면 차고 차면 기울고……. 그 되풀이를 받아들이면 새로움이 생겨난다. 날마다 걷는 산길도 아침 길이 다르고 저녁 길이 다르지 않던가? 하루하루가 허전하고 즐거움이 없다는 건 오늘 해를 기억하지 못하기 때문이다. 겨울 들판에 움트는 저 귀여운 초록을 보라. 언제쯤 내 귀는 저들의 노래를 들을 수 있으려나. 한쪽으로 나는 새는 없다.

외로운 그림자여, 마음을 닫지 말고 차분히 걸어보세.

　밤하늘에 보석은 새벽빛이 잡아먹고 풀잎 위에 보석은 아침 햇살이 잡아먹네. 아름다움이라는 것도 저렇게 사라지는데 나무를 부러트린 바람을 어찌 탓할쏜가. 마음속에 천사가 살든 악마가 살든 대하기 나름이다. 악마 이야기로 가득한 책, 천사 이야기로 가득한 책, 무슨 책을 읽든 천천히 읽어 빈 마음에 씨 뿌리세. 사랑 없으면 잡초 생기고 사랑 있으면 꽃이 핀다네.

　술을 마시다 보면 은연중 몸 밖으로 새어 나오는 게 있다. 눈물, 웃음이 그렇고 노여움, 거짓말이 그렇다. 화를 내면 자기도 모르게 속에 있는 걸 토하게 되고, 거짓 눈물을 흘리면 속에 있는 내숭이 배어 나온다. 술은 마음속에 있는 모든 걸 취하게 만들어 저절로 기어 나오게 하는 재주가 있으니 술사랑은 본인이 알아서 할 일이다. 내 마음 한구석에 잠자고 있던 슬픔이 햇볕을 쬐러 기어 나왔다가 내가 잠든 사이에 다시 마음속으로 돌아갔다. 아, 슬픔이 나의 빈 마음을 지켜주고 있었구나.

어젯밤에 쓴 글을 오늘 아침에 읽어보니 욕심으로 가득하다. 지우고 다시 쓴 걸 밤에 보니 또 글 같지 않다. 덮어버리고 한 달 뒤에 보니 유치하기까지 하다. 마음을 비운다고 해놓고서는 멋을 부리니 그리되었다. 이렇듯 지난 글을 보면 내가 얼마나 겉치레로 살았는지 금방 알 수 있다. 억지로 마음을 비우는 건 내리는 눈을 치우는 것과 같다.

고등학교 1학년 때 우리 집은 무허가였다. 아버지는 그 무허가 집에다가 내 공부방을 만들어주었다. 도배하고 나니 빈방에 풀 냄새가 그윽했다. 그들은 첫 입장객이 되었고, 두 번째는 책상, 세 번째는 이부자리, 네 번째는 옷걸이였다. 그러고 얼마 지나지 않아서 없어도 될 액자와 달력이 벽에 걸렸다. 그 무렵 내 마음은 나도 잘 모르는 꽃으로 채워져 있었다. 지금 생각하면 별것도 아닌데 그때는 그것이 없어서는 안 될 귀한 그 무엇이라고 여겼다. 엉터리 외로움 속에서 피어난 꽃을 사랑이라 우기며 거지 같은 세월을 보냈다. 제대로 알지도 못하면서 사랑이라 했으니 참으로 꺼벙한 시절이었다. 이루어질 수 없는 사랑이라는 걸 알면서도 나는 그 사랑을 마음속에 넣고 다녔다. 사랑은 내 마음속이 답답하다 하여 뛰쳐나갔고 그걸 바라보던 나는 쫓아갈 힘이 없어 그냥 잊기로 했다. 하지만 잊는다고 잊히는 것도 아니었다. 사랑이 마음에서 빠져나가니까 밝았던 세상이 금방 어두워졌고 사랑으로 가득 찼던 마음은 가을걷이가 끝난 빈 들판처럼 쓸쓸했다. 마음을 비우면 되겠지, 하고 방을 정리했다. 책상하고 이부자리하고 옷걸이하고 액자, 달력이 전부였다고 생각했는데 정리하다 보니까 시계, 담배, 재떨이, 술병, 읽지 않은 책, 기타, 어디서 주워온 잡동사니 등등으로 채워져 있었다. 섣불리 마음을 비우려다가 마음만 더 지저분해졌다. 사랑이 떠나고 없음을 빈 마음이라 여기는 건 봄을 잊은 겨울 들판과 다를 바 없다. 봄을 기다리며 땅을 비운 저 들판을 보라!

오랜만에 옷장을 여니 옷들의 긴 한숨이 내 코에 닿는다. 아무리 옷에 관심이 없다고 이렇게까지 무관심할 수가 있나? 옷장이 작은 건지 옷이 많은 건지. 그동안 선물받은 옷도 있고 이사 다닐 때마다 따라온 옷들도 있었다. 옷 수거함에 버리면 누군가 요긴하게 사용할 수도 있을 텐데 옷장에 가두어놓고 입지도 않으니 옷들은 아무런 잘못 없이 감옥살이한 거다. 옷장을 깨끗이 비우는 게 비움인가, 입지 않는 옷을 버리는 게 비움인가?

서랍 정리한 지 얼마 되지 않아서 서랍에 있는 물건들이 헝클어졌다. 사용한 물건을 제자리에 두지 않고 아무 데나 놓았기 때문이다. 마음속에 있는 것들도 제자리에 있어야 하는데 쓰고 나서 아무 데나 놓으니 마음이 어지러운 것이다. 욕심이라는 물건을 무턱대고 버리지 마라. 욕심은 잡초 같은 것이어서 버리면 버릴수록 자꾸만 생겨난다. 버린다고 해서 없어지는 것도 아니고. 오히려 욕심은 욕심 자리에, 사랑은 사랑 자리에 있도록 하는 게 마음을 비우는 일이다. 욕심을 버려 마음을 비우겠다는 건 떨어지는 낙엽을 쓰는 것과 같다.

베란다에서 키우던 화초 하나가 수명을 다해 뽑아버렸다. 해마다 빨간 꽃을 피워서 나를 즐겁게 해주었는데 이제는 하늘나라로 가고 없다. 그 꽃을 그리워하며 이따금 빈 화분을 쳐다보곤 했는데, 어느 날 거기에서 새잎이 돋아났다. 너무 신기하여 아내에게 물어보았더니 그냥 풀이라 한다. 이름을 몰라서 잡초가 된 그 풀을 정성 들여 키웠다. 비가 몹시 내리던 어느 날, 창문을 열고 비 내음을 맡고 있는데 어디서 날 부르는 소리가 들렸다. 귀를 기울여 둘러보니 빈 화분에서 아주 작은 꽃이 피었다. 기뻤다.

밤하늘에 반짝이는 내 사랑이
새벽하늘 바람 속에 가물거리네
내 마음 한구석에 아롱져 있는
사랑의 슬픈 노래도 가물거리네

풀잎에 맺혀 있는 내 사랑이
아침 햇살 바람 속에 사라져가네
내 마음 한구석에 맺혀 있는
사랑의 슬픈 노래도 사라져가네

꿈에 본 내 사랑
별빛 타고 멀어져가네
빈껍데기 슬픈 이 마음
사랑하는 그대여 잘 가시오

-「빈 마음」, 1974/1980

국화와 붕어

추억 찾아 떠난 배
빈 배로 돌아가네

    추억은 참 소중한 것이다. 살다가 힘들면 지친 마음을 어루만져주기도 하고 고장 난 마음을 고쳐주기도 한다. 추억 창고에 들어가서 보고 싶은 추억을 마음대로 꺼내볼 수 있는 사람은 행복한 사람이다. 나는 동무들도 없고 사람들과도 어울리지 못하여 우정과 사랑에 대한 얘깃거리가 거의 없다.

그래서 그런지 나의 추억 창고는 쓸쓸하기 짝이 없다. 어떻게 인생을 이렇게 살아왔단 말인가! 내게 아름다운 추억 몇 개만 있어도 살아갈 힘이 될 터인데 제대로 영근 추억이 없으니 참 가난한 인생을 살았다. 불현듯 기억이 가물거리는 날이면 그걸 놓칠세라 술을 마셔가면서 추억 조각들을 맞춰 보곤 한다.

어느 겨울날, 녹음을 끝내고 집에 가는데 붕어빵 노점이 보였다. 그냥 지나가려는데 비닐 천막 사이로 흘러나오는 고소한 냄새가 코를 찔렀다. 사실 어릴 때 처음 먹은 풀빵은 붕어빵이 아니라 국화빵이었다. 그러다가 붕어빵이 생겼는데 언제부턴가 국화빵이 보이지 않았다. 붕어빵 굽는 아주머니한테 물어보았더니 자기도 국화가 어디로 갔는지 모르겠다는 것이었다. 붕어빵 한 봉지를 사 들고 집에 가는데 문득 국화빵을 함께 나누어 먹던 어린 날의 동무가 떠올랐다.

❖

초등학교 2학년 때 서울에서 전학을 온 아이가 있었다. 그 아이는 언제나 조용했으며 옷도 늘 단정하게 입고 다녔다. 그런데 아이들이 말을 걸거나 귀찮게 하면 눈을 흘기며 이마를 찌푸리기도 해서 친해지기가 보통 어려운 것이 아니었다. 갸름한 얼굴에 쌍꺼풀이 굵게 진 눈매가 예뻐 보였는데 경상도 사투리와 살짝 보이는 덧니까지 귀여워서 나는 그 아이를 바라보는 것만으로도 하루가 즐거웠다. 하지만 그 아이는 누구에게도 관심을 두지 않았다. 그런 날이 이어지자 아이들은 무시당했다는 생각에 그 아이와 친해지려고 하지 않았다. 물론 그 아이가 대놓고 아이들을 무시한 적은 없지만 하도 어울리려고 하지 않으니까 그렇게 된 것이다.

하루는 아침부터 하늘이 흐리더니 수업이 끝날 무렵 비가 내렸다. 미리 우산을 갖고 온 아이들은 몇몇 안 되었고 아이들 대부분은 엄마가 우산을 갖고 오기를 기다렸다. 그날 나는 그 아이가 노란 우산을 쓰고 운동장을 걸어가는 모습을 2층 교실 창문을 통해서 바라보았다. 어쩌면 우산까지 남다른 노란 우산일까? 얼른 달려가서 노란 우산 안으로 들어가고 싶었지만 그랬다가는 뺨을 맞을 수도 있겠다는 생각에 그냥 바라보기만 하였다.

그 아이가 이틀째 보이지 않았다. 비록 무뚝뚝한 아이였지만 보이지 않으니 보고 싶었다. 선생님은 위문을 가야겠다며 같이 갈 사람은 교실에 남으라고 했다. 모두 그 아이를 멀리했지만 나는 그 아이가 싫지 않았다. 교실에 남은 아이는 나 혼자뿐이었다. 아이들의 쑥덕거림이 귓전에 맴돌았지만 나는 모른 척 운동장을 바라보았다. 비가 내리고 있었다. 며칠 전 노란 우산을 쓰고 운동장을 걸어가던 그 아이가 떠올랐다. 그러더니 갑자기 가슴이 두근거렸다. 선생님이 교실 문을 열고 들어오자 두근거림이 멎었고 운동장을 걸어가던 노란 우산도 사라졌다. 선생님 우산 안에 들어간 나는 옷이 젖는 줄도 모르고 열심히 걸었다. 그런데 그 아이가 자꾸만 떠오르는 것이었다.

"선생님, 국화네 집은 부자예요?"

"몰라. 선생님도 처음 가는 거야. 너는 국화가 걱정되나 보지?"

"아니, 그냥 집이 어떻게 생겼나 보려고요."

"너는 국화가 궁금한 게 아니라 집이 궁금한 거로구나."

선생님이 웃으면서 내 얼굴을 쳐다보았다. 솔직히 그 아이가 보고 싶어서 가는 거지만 한편으로는 그 아이가 어떤 집에 사는지도 궁금했다. 서울에 사는 사람들은 모두 양옥집인가 뭔가 하는 집에 산다던데 그 아이의 집도 그럴 것 같았다. 내가 상상한 그 아이의 집은 높은 담이 있는 이층집에 잘

생긴 나무들이 여러 그루 있는 그런 집이었다.

 산기슭에 닿으니 오락가락 내리던 비가 멎었고 비에 몸 씻은 풀들은 빗방울이 몸에 붙어 있어서 그런지 몹시도 반짝거렸다. 선생님이 어느 집으로 들어가는 순간 내 상상이 완전히 빗나갔다는 것을 알게 되었다. 높은 담은커녕 다른 집들과 크게 다르지 않았다. 마당에는 여러 종류의 꽃들이 피어 있었고 싸리나무 울타리 위로 잠자리들이 징검다리 건너듯 옮겨 다니고 있었다. 뜻밖의 방문에 어머니는 반갑게 선생님을 맞이했고 어쩔 줄 몰라 했다. 선생님이 왔다는 소리에 방에 있던 아이도 문을 열고 나와 공손히 인사를 했다. 어머니는 참외를 깎기 시작했고 아이는 나한테 와줘서 고맙다고 말했다. 드디어 그 아이가 말을 했고 나 또한 그 아이한테 처음으로 말을 하게 되었다.

 "고맙긴 뭘, 갑자기 학교에 안 나오기에 무슨 일인가 궁금했어. 보고 싶기도 하고……."

 나도 모르게 보고 싶다는 말이 튀어나오는 바람에 얼굴이 발갛게 달아오르면서 가슴이 쿵쿵 뛰었다. 속마음을 들킨 것 같아 고개를 돌려 꽃밭을 보는데 맨드라미가 내 마음을 눈치채고 킥킥거리는 것 같았다. 내 표정을 본 아이도 핼쑥

한 얼굴로 피식 웃었다. 그때 그 아이의 빛나는 덧니가 눈에 들어왔다. 어쩌면 덧니가 저리도 귀여울까! 하지만 얼굴을 계속 쳐다볼 수가 없어서 다시 고개를 돌려 꽃밭을 바라보았다. 이렇게 소박한 아이인 줄도 모르고 내 마음대로 부잣집 아이라고 생각한 게 무슨 큰 죄라도 되는 것처럼 미안했다.

가을이 끝나갈 무렵이었다. 학교에 불이 났다. 그래서 우리는 커다란 막사에서 수업했다. 그 무렵 국화랑 친하게 지내는 아이가 있었는데 국화랑 같은 동네에 사는 영수라는 아이였다. 나만 그 아이를 좋아하는 줄 알았는데 그게 아니었다. 나는 혼자 속으로 몰래 좋아하는 거였고 영수는 그 아이랑 국화빵을 나누어 먹는 사이였다. 나는 그 아이랑 더 친해지기 위해서 연극 놀이를 생각했다. 어느 날 그 아이한테 연극 놀이하자고 했는데 그 말을 들은 영수가 자기도 끼워달라고 했다. 그래서 방과 후에 연극을 하게 되었다. 나는 영수에게 괴뢰군 역할을 시키고 나는 국군 역할을 하고 국화는 간호사 역할을 하였다. 내가 총에 맞으니 국화가 치료해주었고 그러다가 국화가 영수한테 잡혀갔는데 내가 뒤쫓아서 영수를 총으로 쏴 죽였다. 그래서 나는 국화를 구해서 막사 밖으로 나왔다. 그랬더니 영수가 다음엔 나보고 괴뢰군 하라며 이마를 찌푸리며 투덜거렸다.

    3학년이 되자 천막 교실을 떠나 새로 지은 교실에서 수업하게 되었다. 새 교실로 이사 온 아이들은 쉬는 시간이면 칠판에 낙서도 하고 요란했다. 하루는 쉬는 시간에 칠판에 낙서하고 있는데 영수가 내 바지를 홀랑 벗기고 달아나는 것이었다. 나는 누구야? 하고 뒤돌아섰다. 그 순간 아이들이 깔깔대고 웃었다. 왜 웃나 봤더니, 내 고추를 보고 그러는 것이었다. 얼른 바지를 추켜올리는데 국화와 눈이 마주쳤다. 국화가 내 고추를 봤다고 생각하니 얼굴이 발갛게 달아오르고 영수가 그렇게 미울 수가 없었다.

    나는 영수에게 결투를 신청했다. 아이들 앞에서 창피를 당했다는 생각에 영수를 실컷 때려주고 싶었다. 이참에 나는 영수의 코를 납작하게 만들어서 국화와 더 친해지리라 생각했다. 드디어 방과 후에 싸움이 붙었다. 나는 뚱뚱한 영수한테 정신없이 얻어맞고 코피까지 흘렸다. 내 배 위에 올라탄 영수는 나를 힐끗 보더니 승자의 표정을 지으며 일어나 두 손을 털었다. 그러고는 묘한 웃음을 남기고 자리를 떴다. 그 광경을 바라보던 국화가 구경하던 아이들 틈을 비집고 나와 손수건을 내밀었다. 손수건에서 그 아이 냄새가 났다. 순간 미웠던 영수도 용서할 수 있었고 코피가 난 것도 창피하지 않았다. 집에 가는 길에 날씨도 춥고 해서 국화빵을 사서 그 아이랑 나누어 먹었다. 드디어 나도 그 아이랑 국화빵을 나누어 먹는 사이가 되었다. 나는 너무 기뻐서 그 아이네 집까지 바래다주기로 하였다. 내가 날마다 바래다주겠다고 하자 그 아이는 내 말을 끝까지 들어보지도 않고 안 된다고 하였다. 다시 한번 그 아이의 냄새를 맡으려면 영수한테 결투를 신청해서 코피를 흘려야 하는데 또 얻어맞기는 싫었다. 나는 그 아이의 냄새를 떠올리며 집으로 왔다.

어머니한테 국화꽃을 사달라고 했다. 영문도 모르면서 어머니는 화분에 담긴 국화를 사 왔다. 나는 국화에 코를 대고 그 아이를 떠올렸다. 그 아이가 건네준 손수건에서 국화 향을 느꼈기 때문이다. 나는 틈나는 대로 국화꽃에 코를 대고 향기를 맡았다. 어머니가 내 행동을 보고는 "너 왜 그러니?" 한다. 내가 어머니한테 말했다. "국화는 국화예요." 그랬더니 어머니가 혀를 끌끌 차며 말했다. "아이고 이놈아, 국화가 국화지, 그럼 뭐냐?"

그 아이와의 추억을 쌓고 싶어서 나는 꿈나라로 갈 때마다 그 아이를 생각했다. 그런데 2학기가 시작되고 얼마 안 있다가 공들여 쌓은 탑이 무너지고 말았다. 그 아이가 다시 서울로 전학 가게 되었다는 것이다. 이럴 줄 알았으면 자주자주 만날걸! 얘깃거리가 없는 추억은 풀죽은 풀빵이지. 그리고 추억은 같이 만들어야 하는 거지, 혼자 만드는 추억은 추억이 될 수가 없지. 그 아이에게 잘 가라는 말을 하고 싶었는데 그 말이 목구멍까지 올라와서 멈추는 바람에 아무 말도 하지 못했다. 어른들은 헤어졌다가도 다시 만나고 그런다지만 나는 다시 만날 기약이 없어 그냥 가슴앓이만 했다. 게다가 그 아이와의 추억은 나 혼자 쌓은 추억이었기에 추억이 될 수 없었다.

겨울방학이 되자 뜻밖의 일이 일어났다. 나도 서울로 전학 가게 된 것이다. 서울에 있는 중학교에 보내려는 아버지의 뜻이었지만 나는 그 깊은 뜻을 헤아리지 않고 오로지 그 아이와 만나는 상상에 빠지고 말았다. 나는 남대문국민학교를 두 해 다니고 6학년 때는 덕수국민학교로 전학을 갔다. 전학을 자주 다니다 보니 낯선 환경에 적응하기가 쉽지 않을뿐더러 동무 사귀는 것도 어려웠다. 봄내에서는 나도 명랑한 아이였는데 서울에서는 아예 말이 없는 아이가 되고 말았다. 생각해보니 국화가 왜 말을 안 하고 지냈는지 알 것도 같았다.

　중학교 입학시험이 다가오자 학교에서는 여학생이랑 남학생이랑 같이 시험을 보게 했다. 아마 긴장감을 조성하고 커닝하지 못하도록 그러는 것 같았다. 여자아이들이 있는 교실로 들어가는데 나는 고개를 제대로 들지 못하고 금세 주눅이 들었다. 의자에 앉아서 선생님이 시험지 나누어줄 때까지 조용히 기다리고 있는데 옆줄 대각선 쪽으로 머리를 땋은 여자아이가 눈에 들어왔다. 시험이 시작되었는데도 자꾸만 그 여자아이의 얼굴이 보고 싶었다. 나는 조심스레 그 여자아이의 뒷모습을 쳐다보았다. 그랬더니 선생님이 나에게 다가와서 커닝하지 말라며 꿀밤을 주었다. 그런데도 가슴은 계속 쿵쿵거렸다. 나는 유심히 그 여자아이를 쳐다보았다. 서울로 전학 갈 때 그 아이와 만나는 상상에 빠졌었는데 그 상상이 현실이 된 것이다. 그 여자아이는 분명 국화였다.

　나는 그날 시험을 망쳤다. 그 아이는 내가 자기를 보고 있다는 사실을 전혀 알지 못했다. 그냥 반갑다고 하면 될 것을 나는 그 말이 목구멍까지 올라왔다가 멈춰버리는 바람에 말없이 돌아서고 말았다. 그 아이와 내가 같은 학교에 다닌 다고 생각하니 운명이라는 게 정말 있는 것 같기도 하였다. 그러다가 졸업식 날이 되었다. 운동장에 모인 아이들은 전쟁을 끝내고 돌아온 병사들처럼 얘기꽃을 피우고 있었다. 저만치 말없이 서 있는 그 아이의 모습이 눈에 들어왔다. 다가가서 어느 중학교에 들어갔느냐고 물어보면 되는데 이번에는 발이 땅에 붙어서 떨어지지 않았다.

　그 아이와의 얘깃거리도 별로 없으면서 그것을 추억으로 부풀리다 보니 사랑하는 마음이 꿈틀거리기도 하였다. 조그만 아이가 무슨 사랑을 알겠느냐마는 아무리 어린아이라도 좋아하는 감정은 있는 것 같았다. 지금은 비록 나 혼자 좋아하는 거지만 어른이 되면 서로 사랑의 꽃을 피울 수 있을 것 같기도 하였다.

　고등학교 1학년 가을이었다. 버스 타고 광화문 세문안 교회 앞을 지나가는데 버스를 기다리고 있는 한 여학생을 보았다. 그 아이는 금란여고 교복을 입고 있었고 조금은 쓸쓸하게 보였다. 버스에서 내려 얼른 달려가고 싶었지만, 설령 그랬다 하더라도 나는 말을 붙이지 못했을 것이다. 아무래도 나에게 무슨 병이 있는 것 같았다. 실제로 나는 여학교 앞을 지나다니지 못했고 여학생 앞에서 고개를 들지 못했다. 아무튼, 서울 와서 그 아이를 세 번 보았다. 모의고사 시험 볼 때 한 번, 졸업식 때 한 번 그리고 세문안 교회 버스 정류장을 지날 때 한 번. 그것은 기적이나 마찬가지였다. 그렇지만 세 번을 볼 동안 말 한마디 건네지 못한 것도 기적이나 마찬가지였다.

❖

부산에서 일을 마치고 마산에 사는 동무를 만나러 갔다. 무슨 시장이었던가? 동무랑 함께 그 부근에 있는 허름한 식당에 들어갔는데 이른 시간이라 그런지 손님이 없었다. 그런데 주인아주머니가 어디서 많이 본 사람이어서 주춤했다. 경상도 사투리에다 갸름한 얼굴에 쌍꺼풀이 굵게 진 눈매! 어린 날의 내 동무와 너무 닮아서 잠시 가슴이 두근거렸다. 말을 붙여볼까 하다가 궁리 끝에 점쟁이 흉내를 냈다.

"제가 뭘 좀 맞추는데 맞추면 안주 한 사발 어때요?"

"그래요? 그 대신 못 맞추면 값은 두 배."

나는 점쟁이처럼 주인아주머니의 얼굴을 두루 살폈다.

"이름 끝 자가 화 아닌가요?"

주인아주머니가 놀라는 표정으로 말했다.

"아니, 근데 어떻게 보자마자 그걸 맞춘대요?"

"비밀입니다."

그러자 주인아주머니는 싱거운 표정을 지으며 다른 걸 맞춰보라고 하였다.

"자 그럼, 이번에도 맞추면 안주 한 사발?"

"못 맞추면 값은 세 배."

나는 점쟁이처럼 고개를 갸우뚱갸우뚱하며 생각하는 척했다. 주인아주머니는 무슨 사연이 있는지 고생을 많이 한 얼굴이었다.

"고생을 많이 했군요. 혹시 봄내에서 국민학교를 다니지 않았습니까?"

주인아주머니가 기다렸다는 듯이 활짝 웃으면서 손가락 세 개를 세워 보였다.

"만오천 원이요."

웃는 얼굴에 덧니가 보였다. 그 아이가 틀림없었다.

'너 국화지? 나야, 나. 중앙국민학교! 우리 천막 교실에서 연극도 했잖아. 너는 간호원 하고 영수는 괴뢰군, 나는 국군하고 내가 너를 구해서 천막 밖으로 나왔잖아. 선생님이랑

너희 집에 갔을 때 너희 엄마가 참외도 깎아주고 그랬잖아.'
 이렇게 말하고 싶었는데 입이 열리지 않았다. 주인아주머니가 나를 모르는데 굳이 지난날을 끄집어낼 필요가 있을까? 설사 그 아주머니가 그 아이라고 할지라도 그 아주머니의 추억 속에는 내가 지워졌을 수도 있는 거잖아?
 포장마차를 나와 걸어가고 있는데 갑자기 그 아이가 건네준 손수건이 떠올랐다. 다시 돌아가 "국화야!"라고 부르고 싶었지만, 발이 떨어지지 않았다. 그때 저만치 풀빵 노점이 눈에 들어왔다. 잘됐다 싶어 얼른 노점의 천막을 젖히고 들어갔다. 근데 이게 어찌 된 일인가? 그토록 만나고 싶었던 국화빵이 아니던가! 나는 너무 기뻐서 그 아이를 부둥켜안는 상상을 했다. 국화빵 굽는 냄새가 어릴 때 그 냄새와 똑같았다. 나는 국화빵 한 봉지 사서 포장마차 주인아주머니한테로 달려갔다.
 "아주머니가 그새 보고 싶어서 또 왔습니다."
 "아니, 뭘 이런 걸 다……. 다음에 또 오소, 고맙습니데이."
 "아주머니 덧니가 예뻐서 다음에 또 와야겠습니다."
 환하게 웃는 아주머니를 뒤로하고 걸어가는데 갑자기 눈물이 핑 돌았다. 결국, 이름을 부르지 못하고 말았다. 아주머니는 봄내에서 국민학교를 안 다녔다고 했지만 내 눈에는 어린 날의 내 동무가 틀림없었다. 어쩌면 나는 썰렁한 추억 창고에 아름다운 추억 하나를 진열해놓고 싶어서 그 아주머니를 내 동무라고 우기고 있는 건지도 모른다. 추억 찾아 떠난 배, 빈 배로 돌아가네! 날씨를 탓하랴, 어부를 탓하랴? 풀죽은 풀빵이 된 어부는 추억 창고 앞에서 눈물을 글썽이며 빙긋 웃는다. 그때 어디선가 국화 향이 날아왔다.

국화 한 송이 붕어 한 마리
어울리지는 않지만
마음속에는 서로 똑같은
사랑이 있었지
뜨거울 때면 호호 불면서
맛있게 놀던 시절
차가울 때면 차가운 대로
따뜻했던 시절
예쁜 국화는 멀리 떠나고
홀로 남은 붕어는
차가운 바람, 바람 속에서
뜨겁게 식어가네
국화를 찾아 헤맸지만
찾을 수가 없었네
따뜻한 시절 그리워하는
풀죽은 풀빵

-「국화와 붕어」, 1990

길 끝

더 이상 걷지 않겠다고 하면
바로 거기가 길 끝이다

낮은 산 위로 검은 새들이 무리 지어 날아간다. 저 멀리 지평선에 예배당이 보이고 들판을 가로지르는 장난감 같은 기차도 보인다. 저 새들은 어디로 날아가고 저 기차는 어디로 가는가? 눈발이 날린다. 사방을 둘러봐도 마을이 보이지 않는다. 여기가 길 끝인가? 이윽고 어둠이 먹물처럼 번지더니 하늘과 땅이 맞닿았다. 생각해보면 하늘과 땅이 맞닿을 리 없는데도 지평선이라는 말이 있다. 결국, 우리는 그런 말에 속아 가면서 산다. 희망이라는 말도 꿈이라는 말도 그렇고 사랑이라는 말도 그렇다. 보이지도 않으면서 사람들을 홀리게 해서는 고달프게 한다. 오늘은 저 예배당에서 하룻밤 쉬어 가야겠다. 내 발은 내가 어둠이 될까 봐 걸음을 재촉한다.

예배당 문을 열고 들어서니 촛불이 아늑하다. 까까머리 목사가 나그네를 친절히 맞이해준다. 목사는 내가 물어보지도 않았는데 역까지 걸어서 가려면 사나흘 정도 걸린다고 말한다. 오고 가는 차편이 없다는 거로군. 왜 이런 외딴곳에 예배당을 지었느냐고 물으니 가끔 기도하는 사람들이 온다는 것이다. 그러고 보니 나는 지금껏 기도해본 적이 없다. 기도하면 왠지 하느님한테 꾸지람을 들을 것 같았다. 노력은 하지 않고 하늘이 도와주기만을 바랐으니……. 당장 오늘을 봐라. 소중한 하루를 길에다 버리고 헛꿈을 꾸지 않았는가. 목사는 하루를 소중하게 여기는 것 같았다. 외딴곳에 예배당 지어놓고 기도하러 오는 사람들을 기다리고 있으니.

목적지에 가까울수록 목적지가 멀어지는 건 눈으로 본

거리가 걷는 거리보다 짧게 느껴지기 때문이다. 동그라미 위에서 헤어진 사람들은 다시 만날 확률이라도 있지만, 직선에서 헤어진 사람들은 다시 만날 확률이 거의 없다. 인생을 동그라미라고 생각했다면 지난날의 나를 한 번쯤은 만났을 터인데 직선이라고 생각하는 바람에 아직도 나를 만나지 못하고 있다. 나는 생각 많은 나그네다. 그러므로 나그네라고 할 수 없다. 아무런 생각 없이 흘러가는 구름이 부럽기만 하다. 나는 내가 어디로 가는지도 모르면서 생각만 가득하다.

목사가 나를 많이 본 것 같다고 말한다. 나는 내 얼굴이 흔한 얼굴이라서 그럴 수 있다고 말했다. 사실 나는 누가 나를 알아볼 때마다 죄지은 것처럼 가슴이 두근거린다. 이건 병이다. 다행히 목사는 나를 알아보지 못했다. 그냥 노래 만들 때가 좋았는데 호칭이 생기다 보니 마음에 가시가 박힌 것 같다. 노래 못하는 놈이 음반을 내어 가수 소리를 들으니 그런 거고 음악 공부 안 한 놈이 작곡가 소리 들으니까 쑥스러운 거다. 앞으로라도 누가 나를 알아보면 나는 자유롭게 내 길을 갈 수 없을 것 같다.

간밤에 잠을 설쳤다. 산을 헤매다가 낭떠러지에서 미끄

러져 나무를 붙들고 있는 꿈을 꾸었다. 개꿈이라고 생각했는데 아침 내내 그 개꿈이 따라다닌다. 길을 떠나려는데 멀리 지평선이 보인다. 어제 분명 지평선에 붙어 있던 예배당에서 잤는데 지평선은 어느새 일어나 예배당을 떠나 멀리 가 있었다. 목사한테 지난밤 꿈을 얘기해주었더니 그냥 빙긋 웃기만 한다. 길 조심하라는 목사에게 고맙다는 인사를 하고 지평선을 향해 걸었다.

기차 가는 모습이 보고 싶었을 뿐, 굳이 기차를 탈 생각은 없었다. 그래도 기차를 타면 마음이 편해질 것 같았다. 참 이상하다. 목적지도 모르는데, 뭐가 편하다는 건지? 혹시 내가 마법에 걸린 건 아닐까? 날마다 방황하며 걸어야 하는……. 그래서 편안하게 기차를 타려고 하는 건 아닌지? 한편으론 이런 생각도 해본다. 어둠 속에서 빛이 잠을 자고 있었는데 그걸 보지 못하고 어둠 밖으로 나가려고만 했던 건 아닌지?

걸으면 길인데 걷지 않으면 길이 아닌, 참 이상한 길도 다 있다. 어둠은 왜 이리 빨리 내려오는가? 갑자기 별 하나가 하늘을 가른다. 저 언덕 아래로 떨어진 것 같다. 이튿날 낮때, 어젯밤 별이 떨어진 언덕에 닿았다. 그런데 길이 만만치 않다. 멀리서 볼 땐 분명 언덕이었는데 가까이 와보니 깊은 골이 내려다보이는 엄연한 산이었다. 이래서 길 조심하라는 거였군. 그러고 보니 높은 산만 산이라고 여겼던 내 생각이 잘못되었다. 이제 다시 배운다. 낮은 산은 높은 산의 스승일 수도 있겠구나.

그날 저녁, 어디선가 신음이 들렸다. 낭떠러지 밑에서 들리는 소리다. 물 흐르는 소리도 들렸다. 조심조심 아래를 내려다보니 가물가물 빛이 보인다. 엊저녁에 하늘을 그었던 그 별이 틀림없다. 저 높은 하늘에서 떨어졌으니 얼마나 아플까? 내려가서 저 별을 살려야겠다. 만약 저 별이 빛을 잃는다면 그만큼 세상은 어두워지는 거다.

솔직히 벼랑 아래로 내려갈 자신이 없었다. 날은 어둡고 혹시라도 발을 헛디디면 밑으로 떨어질 수도 있는 상황이었다. 어릴 때부터 밤하늘의 별들은 모두 다 누군가의 꿈이라고 생각했다. 비록 내 꿈은 아니더라도 신음하는 저 별을 못 본 척하면 죄가 될 것 같았다. 그림자가 말했다. 저 별을 외면하고 떠나면 분명 후회할 테니 아무 생각 말고 내려가라.

나는 조심스레 벼랑 아래로 발을 내디뎠다. 내려가기 전에는 두려웠는데 내려가기로 마음먹으니 까닭 모를 힘이 생겨났다. 길 끝이 있다고 말하는 사람은 낭떠러지 밑으로 가보지 않은 사람이다. 한 발, 한 발 내려가니 길 없는 길도 길이 되었다. 별을 만지니 아직 따뜻한 온기가 남아 있었다. 빛을 잃어가던 별이 내게 말했다.

"너의 별은 아직 떨어지지 않았어."

내가 나의 별을 찾고 있다는 걸 이 별은 알고 있었던 거로군. 어린 날, 날마다 별을 바라보았는데 언제부턴가 그 별을 바라보지 않았지. 그런데도 그 별은 끝까지 나를 지켜주었던 거네. 미운 사람 사랑한다는 게 참 어려운 일인데 나의 별은 나를 버리지 않았구나.

별 하나가 죽었다. 세상이 그만큼 어두워졌으니 정신을 똑바로 차리고 걸어야겠다. 세상은 눈에 보이는 이 어둠보다 훨씬 더 컴컴할 수도 있겠다. 누가 나의 꿈이 뭐냐고 묻는다면 그냥 걷는 게 꿈이라고 말하련다. 바다에는 뱃길이 있고 하늘에는 하늘길이 있으니 길은 길로 이어진다는 생각이다. 인생은 죽는 날까지 걷는 것, 앞으로 나아가는 길만 길이 아니다. 되돌아가는 길도 길이고 잘못 간 길도 길이다. 소중한 하루가 버려진다면 인생의 한 조각이 버려지는 것, 외로움을 달래기 위해 술을 마시는 건 받아들일 수 있지만, 그 핑계로 하루를 버리는 건 옳지 않다. 할 일이 없다고 말하는 사람은 할 일을 하지 않는 사람이다.

지평선 끝에 어렴풋이 마을이 보인다. 사막에서 오아시스를 찾은 기분이다. 처음부터 저 마을을 찾으려고 했던 건 아닌데 내 발이 나를 데리고 여기까지 왔다. 마을 입구에 세워진 커다란 바위에 '슬픔이 사는 마을'이라고 새겨져 있다. 마을에 들어서니 흙길이 눈에 띄었다. 둘러보니 흙내가 그윽하다. '슬픔이 사는 마을'도 좋지만 '흙마을'이라고 해도 괜찮을 것 같다. 슬픔이라는 말이 낯설기는 하나 왠지 알 수 없는 분위기가 내 마음을 사로잡는다. 마치 흙내음에 취한 나비들이 춤을 추며 나를 맞이해주는 것 같다. 집마다 행복을 버리니 마을이 행복하고 마을이 행복하니 집마다 행복을 누린다. 행복을 버리면 또 다른 행복이 온다는 걸 이 마을 사람들은 알고 있는 거다. 나무 그늘에서 쉬고 있는 노인에게 물어보았다.

"기쁨이 사는 마을이라고 하지, 왜 슬픔이 사는 마을이라고 하나요?"

"슬픔이 사는 마을이라고 해야 찾아오는 사람이 없지. 그래도 찾아올 사람은 오지. 그대처럼 말이야, 허허."

아니다. 나는 이 마을을 알지도 못한다. 그냥 떠돌다가 오게 된 것뿐이다. 그런데 참으로 이상한 마을이다. 종교 집단도 아니고 공동체 마을도 아니고 정말 슬픔이 사는 마을 같다. 그런데 왜 이리 마음이 편할까? 지금껏 내가 알고 있던 슬픔과는 다른 것이다. 내가 슬픔을 잘못 알고 있었던 거네. 하루의 소중함을 몰랐던 것도 슬픔이고 하루의 소중함을 깨달은 것도 슬픔이다. 도대체 이 느낌은 뭐지?

조그만 간이역이 보인다. 그 옆에 작은 주막도 보인다. 기차를 기다리며 술 한잔하라는 거겠지. 갑자기 그림자가 생뚱맞은 얘기를 한다. 무엇을 하는 사람이 되려고 애쓰지 말고 그냥 그 무엇을 해라. 그림자에 뒤통수를 맞은 것 같다. 그림자 눈에는 내가 그렇게 보였던 모양이다. 그런데 그림자 얘기가 맞는 말이다. 한때 나는 명함 대신 자그마한 돌을 건네곤 하였다. 어떤 사람은 장난하느냐며 화를 내었고 어떤 사람은 내 이름이 돌이라서 이해한다고 했다. 사실 돌을 건넨 건 내 이름을 기억해달라는 일종의 아양 같은 것이었다. 지금 생각하면 명함도 돌도 다 부질없는 것이었다. 그냥 노래 만드는 일을 하면 되는 것을 굳이 나는 노래 만드는 사람이오, 하고 알릴 필요는 없었던 거지.

    온 마음을 다하지 않고 노래를 만든 적이 있었다. 그때 내가 왜 그랬는지 모르겠다. 생각 없이 만들어놓고는 노래에서 빛이 나기를 바랐으니 노래가 나를 얼마나 미워했을까? 성의 없이 만든 노래는 아무리 편곡을 잘해도 하찮은 노래로 남는다. 어떤 일을 하든 정성이 빠지면 바로 그 순간 내리막길을 맞는다. 집에 어울리는 나무를 심어야지, 왜 남한테 보여주려고 심는가? 사심으로 심은 나무는 잘 자라지 않는다. 나무도 사람의 마음을 보는 것이다. 저 멀리 지나온 마을이 보인다. 불빛마저 행복하게 보인다. 지평선에 닿으면 또 다른 지평선이 나타나고, 목적지에 닿으면 또 다른 목적지가 나타난다. 길 끝은 없다! 하지만 더 이상 걷지 않겠다고 하면 바로 거기가 길 끝이다.

🎼 그토록 믿어온 내 젊은 가슴이

날마다 조금씩 늙어가네

저 높은 하늘이 내게로 내려와

자꾸만 내 몸이 작아져 가네

마음에 지녀온 내 꿈들이

바람에 날리어 사라져가네

어둠과 땅이 맞닿은 곳에

길 잃은 발자국 별을 찾는다

-「길 끝」, 1990

사막, 고비에서

그림자가 보이지 않는다는 건
내 속에 내가 없다는 것

　사람들 대부분은 거의 날마다 가면을 쓰지. 어떤 날은 민낯을 제 얼굴이 아니라고 생각하기도 하지. 그날그날 마음 상태에 따라 얼굴이 변하기 때문이다. 얼굴 고쳐주는 사람이 의사인가, 마음 고쳐주는 사람이 의사인가? 마음의 병도 큰 병인데 얼굴 고쳐주는 의사들이 넘쳐나누나. 얼굴 고친 사람들은 또 가면을 쓰지. 마음의 병이 그대로인데 얼굴을 고친다 한들 무엇이 달라지겠는가. 결국, 가면은 마음속에서 만들어진다. 악마가 다스리면 악마의 얼굴이, 천사가 다스리면 천사의 얼굴이 된다. 그림자는 가면을 쓰지 않는다. 혹여 주인이 가면을 쓰고 나쁜 짓을 한다 해도 그림자는 주인의 몸에 꼭 붙어 있다. 그렇게 하는 게 주인을 지키는 일이라고 생각하는 것이다. 그림자를 배신한 주인은 있어도 주인을 배신한 그림자는 없다. 그림자는 몸의 것인가, 마음의 것인가?

버릇처럼 가면을 쓰는 사람이 많다. 거짓 웃음, 거짓 눈물이 그러하다. 아이들은 가면을 쓰지 않는다. 그래서 해맑다고들 하지. 그런데 요즘은 아이들도 가면을 쓴다. 아무리 변하는 세상이라고 하지만 뭔가 씁쓸하고 슬프다. 믿어야 할 신문, 방송에서도 가면이 있으니 그야말로 가면의 세상이다. 고운 여자를 만나 행복하게 사는 동무를 보았다. 그들은 마치 하늘에서 내려온 사람처럼 살고 있었다. 얼마나 행복하게 보였으면 가식이라고 여겨질 정도였다. 집에 가는 길에 잠시 동무의 행복을 떠올렸다. 나는 언제쯤 저런 행복을 만날 수 있을까? 등짝이 서늘하여 뒤돌아보니 그림자가 성난 얼굴로 내 신발을 꽉 붙들고 놔주질 않는다. 그림자를 털어내려고 허둥지둥 걸음을 재촉했으나 점점 조여오는 발목을 어떻게 할 수가 없었다. 그냥 동무의 행복을 부러워한 건데 그림자는 내가 동무의 아내를 탐했다고 생각한 모양이다. 아니라고 하는데도 내 말을 믿으려 하지 않는다. 집에 들어가 더운물에 얼굴을 씻었다. 수건으로 얼굴을 닦는데 거울에 비친 내 얼굴이 살짝 찌그러져 보였다. 혹시 나도 가면을 쓰고 있었던 게 아닐까?

 예순 고개 넘을 땐 마음이 허했었는데 일흔 고개 넘으니 허한 감정마저도 느끼지 못한다. 무디어진 건지 마음에 물기가 없어진 것 같고 뭔가 떨어져 나간 것 같다. 오래전에 떨어져 나간 것을 뒤늦게 발견한 건지도 모르지. 젊을 때 시작된 병을 늙어서 발견하는 것처럼. 꿈 조각인지 아니면 꿈이 통째로 떨어져 나간 건지, 아무튼 내 마음을 지키고 있던 그 무엇이 사라진 게 틀림없었다. 불현듯 온전한 내 모습을 되찾으려면 떨어져 나간 그 조각을 반드시 찾아야 한다는 생각이 들었다. 답답한 건 그게 뭔지 모르겠다는 것이다. 마치 후각을 잃어버린 것처럼 생각이 잘 떠오르지 않는다. 기억을 잃은 사람들을 가끔 보는데 나도 그렇게 되어가는 것 같다. 점점 멍청해지는 것 같고 생각의 샘물이 말라가고 있음을 느낀다. 언젠가 한 번은 창가에 어른거리는 그림자를 보고 들판에 버려진 어떤 허수아비가 나를 찾아왔다고 생각한 적도 있었다.

꿈은 분명히 아니다. 애당초 꿈이 없었는데 꿈 조각은 무엇이며 꿈이 통째로 떨어져 나갔다는 건 또 무엇인가? 핑계대기 좋아하는 사람들은 자기에게 없는 걸 있는 것처럼 말하지. 꿈도 없으면서 꿈을 잃어버렸다 하고 별도 보지 않으면서 별빛이 희미해졌다고 하지. 나도 그러지 않았던가. 그림자에 관심도 없으면서 내 그림자를 통 볼 수 없다고 했지.

그림자라? 음, 그림자였구나! 나한테서 떨어져 나간 그 무엇이라는 게. 지금껏 그림자가 내 몸의 것인 줄 알았는데 그게 그렇지만은 아닌 것 같다. 내 몸은 그저 껍데기이고 '나'는 마음속에 있으니 진정한 그림자는 마음의 것이어야 맞다. 마음의 그림자는 내게 말을 걸기도 한다. 발 가는 대로 움직이는 몸의 그림자와는 확연히 다른 것이다. 그림자가 보이지 않는다는 건 내 속에 내가 없다는 것. 가끔 그림자를 잃어버렸다고 생각하곤 했는데 잃어버렸다는 것과 사라졌다는 건 말맛이 좀 다른 거다. 조각 맞추기! 마음에서 떨어져 나간 걸 찾아 제자리에 갖다 놓아야 비로소 온전한 내가 된다. 어둠이 너무 밝아서 그림자를 찾을 수 없다는 나의 말은 완전 개살구였네. 그나마 다행인 건 껍데기로는 살아갈 수 없다는 걸 내가 알고 있었다는 거지. 바른대로 말하자면 내가 그림자를 잃어버린 게 아니라 그림자가 나를 떠난 것이다. 꼭 찾아야겠다는 마음이 없으면 결코 떠나간 그림자를 찾을 수 없다. 찾아 헤맨다고 찾아지는 것도 아니고……. 잊음도 잃어버림도 아닌데 살면서 그냥 지워진 것들이 많다. 오래전에 딸아이가 선물한 만년필이 있었는데 그걸 아끼려고 잘 보관해 둔다는 것이 그만 그걸 잊고 살았다. 못해도 20년은 지났을 텐데……. 이렇듯 무심결에 잊고 사는 것이 많다. 지금 보이는 그림자는 그림자의 허상이 아닐까? 정말 낯설다.

한편으론 이런 생각도 해본다. 예전에는 달이 밝았다. 그래서 달 밝은 밤이면 그림자가 참 신선했다. 달이 밝은 건 어둠이 받쳐주었기 때문이다. 그런데 언제부턴가 어둠의 빛깔이 엷어지기 시작했다. 그 말을 다른 말로 하면 어둠이 본연의 빛깔을 잃어버리고 밝은 어둠이 되었다는 것이다. 나 어릴 때 밤은 무섭지 않았다. 어둠이 나를 지켜주었기 때문이다. 어둠 속에는 달도 있었고 그림자도 있었다. 지금은 밤이 무섭다. 어두운 밤이 사라지고 밝은 밤이 되었기 때문이다. 하지만 그건 어둠의 잘못이 아니다. 달도 별도 잘못하지 않았다. 정말 잘못한 건 사람이다. 다정하고 아름다운 어둠을 찢어놓았기 때문이다. 이제는 밝은 어둠이 아니라 아주 밝은 어둠이 되었다. 앞으로는 아주가 아니라 아주아주 밝은 어둠이 될 것이다. 그리하여 나도 너도 우리 모두 희미한 옛사랑의 그림자를 그리워하게 될 것이다. 이제 어둠은 우리 곁에서 떠났다. 어둠이 없으니 그림자도 없다. 지금 보이는 그림자는 그림자 껍데기다. '나'가 없는 세상에서 그림자는 무슨 의미가 있을까?

어느 날 뜻하지 않게 몽골을 가게 되었다. 독수리 길을 추적하는 다큐멘터리 팀과 함께였다. 비행기에 오르자 사막이 떠올랐다. 마치 하늘의 명을 받은 비행기가 나를 사막으로 인도하는 것 같았다. 거기에 가면 내 그림자를 만날 수 있을까? 하늘이여, 제 그림자가 사라졌습니다. 저는 어디에 있는 겁니까? 살기 위해서 몽골과 한국을 오가는 독수리에 견주면 나는 살기 위해 아무것도 하지 않은 것 같다. 내가 어디에 있는지도 모르니 나를 찾아 떠난다는 것도 우습기만 하다. 진정으로 나를 찾아 떠나겠다는 게 아니라 그냥 내 인생에 어리광을 피우고 있는 것 같다. 독수리보다 못한 인생이로다.

처음으로 사막을 본다. 이 넓은 벌판에서 사라진 내 그림자를 어떻게 찾는단 말인가? 사막에 있다는 확신도 없지 않은가. 뭉게구름, 풀, 양, 독수리, 말……. 모두 하늘 뜻에 따르며 살고 있구나! 사막을 어루만져주는 저들이 있기에 사막은 외롭지 않겠다. 그것 봐라, 생각하는 건 자유지만 가보지도 않은 곳을 가본 것처럼 제멋대로 생각하면 아니 된다. 지금껏 나는 사막이 외롭고 삭막한 곳이라고 생각했다. 사막은 모래알들의 놀이터!

아무것도 없는 사막이라지만 풀도 있고 바위도 있고 양도 있고 말도 있고 독수리도 있다. 그뿐만 아니라 하늘도 있고 별도 있고 구름도 있고 바람도 있고 이따금 사람도 있다. 이곳에서 태어났으면 나도 유목민으로 살았겠구나. 살아오는 동안 나를 어루만져주고 지켜주던 사람들을 생각해보았다. 어머니, 아버지 그리고 내 그림자! 그런 것도 모르고 나를 사막에 버려진 인생이라고 생각하였으니 참으로 어리석었다. 사랑은 기억하지 못하고 미움만 기억한 탓이다. 진작

사막을 찾았어야 했다. 사막에는 욕심의 풀도 있고 미움의 풀도 있고 사랑의 풀도 있다. 양들은 그 풀을 뜯어 먹고 사람들은 그런 양들을 잡아먹고……. 사람들 마음속에 욕심, 미움 따위가 자라는 건 당연한 거다. 도시에서 미움을 말하는 건 사치다. 사막에서는 미움마저 귀하다.

다섯 살 때였나? 눈 그친 달밤, 아이들하고 놀다가 집에 가는데 그림자가 내 몸에 붙어서 집까지 데려다주었지. 사실 조금 심심했는데 옆에 있어줘서 얼마나 고마웠는지 모른다. 그때는 그림자가 나의 벗이라는 걸 몰랐다. 이제 와 생각하니 나를 지켜주는 좋은 벗이었네. 그런 벗을 떠나게 하다니! 아무리 밝은 어둠 속에서 산다고 하지만 그렇다고 어둠을 탓할 수는 없지 않은가. 그러기에는 내가 잘못한 것이 너무 많다. 이제 와 벗을 찾으려니 면목이 없다. 그동안 거울 속에 비친 내가 나인 줄 알고 살았으니 나는 내 껍데기하고 산 거네. 내 몸의 그림자도 보지 않는 놈이 마음의 그림자를 어찌 알아보겠는가. 병든 나를 일깨워주기 위해 떠나야만 했던 그림자! 나는 내가 병든 것도 모르고, 도시 불빛에 그림자가 병든 거라고 말했지.

멀리 나무 한 그루가 보인다. 놀라운 일이다. 이 넓은 벌판에 나무 한 그루라니! 저 나무는 어떻게 살아남아 이 벌판을 지키고 있는 걸까? 길 잃은 양들의 이정표 노릇이라도 하려는 걸까? 새들에게 등대 역할이라도 하려는 걸까? 가까이 가보니 서 있는 나무 말고도 풀밭 위에 누워 있는 나무도 있다. 풀밭 위에 누워 있는 나무는 서 있는 나무의 그림자다. 순수하고 고요한, 정말이지, 누워 있는 나무가 서 있는 나무를 지켜주고 있는 것이 한 폭의 그림이다. 또 다른 생각. 어쩌면 벌판이 나무를 지켜주고 있는 건지도 모르지.

하느님은 잘 계실까? 서로 자기네들의 하느님이라고 우기는 사람들이 꽤 많다. 세상의 강들이 바다에서 만나는 건 누구나 다 아는 얘긴데 하늘을 두고 헛된 다툼질만 하고 있구나. 뭉게구름 드넓은 벌판에 홀로 서 있는 나무! 혹시 하느님이 아닐까? 이정표 없는 사막에서 어떤 나그네가 눈물을 흘린다. 그냥 홀로 서 있는 나무를 보았을 뿐인데 눈물을 주르륵 흘린다. 빈 소켓에 전구를 끼워 불이 환하게 켜진 것처럼 내 몸 뒤쪽으로 검고 또렷한 그림자가 생겨났다. 아, 드디어 잃어버린 조각을 찾았다. 이 나무는 외로운 나무가 아니라 사랑의 나무다. 어둡던 마음을 훤하게 비춰주니 조각이 떨어져 나간 자리가 보인다. 이제 그 자리에 내 그림자를 맞춰본다. 오래된 눈물이 햇빛에 반짝이며 흐른다. 이제 마음의 그림자를 찾았으니 온전한 나로 다시 태어날 수 있겠구나. 하늘이여, 고맙습니다! 그동안 제가 어둠을 소홀히 했습니다.

그림자는 변함이 없다. 내가 변해도 그림자는 언제나 나를 지켜주지. 사람의 생각이 저마다 다르겠지만 그림자는 몸이 아닌, 마음의 것이 틀림없다. 푸른 하늘은 흰 구름의 놀이터! 밤하늘은 별들의 놀이터! 앞으로 남은 인생, 나도 그림자의 놀이터가 되어보자. 그림자여, 부디 나를 용서해주게! 이제 다시는 헤어지지 마세. 나의 벗이여!

🎵

어디로 갔는가
다정했던 그림자
그대 없는 내 모습
가난하고 외롭다
늙어버린 눈물이
햇빛에 반짝이네
사랑하는 벗이여
보고 싶다

그대 찾아 먼, 먼 길
새 한 마리 외롭다
바람 부는 벌판에
홀로 서 있는 나무
뜨거운 눈물이
비처럼 흐르네
사랑하는 벗이여
용서하게

―「사막, 고비에서」, 2023/2025

불씨

꽃은 봄이 와서 피는 게 아니라
겨울을 살아서 피는 거지

동무들은 대학에 진학하고 나는 재수 학원에 다니게 되었다. 얼마 전까지만 해도 같은 처지였는데 막상 대학생과 재수생으로 갈리다 보니 보이지 않는 벽이 설치되는 느낌이 들었다. 그래도 나는 노래 연습을 게을리하지 않았다. 노래 연습이라고 하니까 마치 내가 가수라도 된 것 같은데 그게 아니고 그냥 음악 좋아하는 사람끼리 모여서 즐기는 정도였다. 그때 우리 모임은 기타 둘에 플루트가 있었는데 피아노가 있었으면 좋겠다고 생각했다. 그래서 동무들한테 말했더니 자기 학교에 피아노 잘 치는 아이가 있다면서 여자 동무를 소개해주었다. 함께 연습하면서 정이 들기 시작했는데 나도 모르게 자꾸만 그 아이가 기다려지는 것이었다. 오르지 못할 나무를 쳐다 보면 마음속에 불씨가 생긴다고 마귀할멈이 말했다. 나는 그 말을 무시하고 오르지 못할 나무를 날마다 쳐다보았다. 그랬더니 정말 마음속에 불씨가 생겼다. 그런데 그 불씨가 예사롭지 않았다. 이대로 내버려뒀다가는 걷잡을 수 없이 타오르게 생겼다. 그래서 불씨를 바라보며 말했다. "안돼, 그냥 사라져!" 말은 그렇게 했지만 내 마음은 은근히 불씨가 불꽃이 되기를 바라고 있었다.

　어느 날은 잠자는 불씨를 어루만져보기도 하고 또 어느 날은 내 마음속에 흩어져 있는 낙엽을 긁어모아 불을 붙여보기도 하였다. 하지만 불은 타오르지 않고 연기만 가득했다. 그놈의 연기는 피하려고 하면 피하는 방향으로 나를 쫓아와 눈물을 흘리게 했다. 마치, 너는 한 치 앞도 보지 못하는 놈이니 꿈도 꾸지 말라고 쏘아붙이는 것 같았다. 그래도 나는 날마다 불을 지폈다. 그러다 보니 세상이 연기 속에 가려서 잘 보이지 않았다. 굴뚝이 막힌 건지 아니면 불을 지피는 법을 모르는 건지 나는 계획에도 없는 화부가 되어 있었다.

그러던 어느 날이었다. 어느 문학지에서 주최하는 전국 대학생 수필 공모전이 있었는데 불현듯 그 공모전에 응모하고 싶다는 생각이 들었다. 대학생이 아니었던 나는 그녀의 이름으로 응모했다. 당선되면 그녀에게 사랑한다고 말하고 떨어지면 그냥 잊기로 하였다. 물론 그녀는 이런 나의 꿍꿍이를 전혀 알지 못했고 나는 그저 당선되기를 바랄 뿐이었다. 가능성도 없으면서 희망을 붙잡고 있는 내 모습이 안되어 보였지만 혹시라도 당선되면 사랑한다는 말을 할 수 있지 않을까, 하는 상상이 나를 설레게 하였다.

드디어 발표 날이 왔다. 10명을 뽑는 것이었는데 조마조마! 아, 그녀의 이름이 보였다. 이제 그녀에게 말할 수 있게 된 것이다. 사랑한다고. 기쁘지만 떨리는 마음으로 그녀를 만났다. 하지만 사랑한다고 말하겠다는 건 내 생각이고 그녀를 본 순간 갑자기 입이 얼어붙고 말았다. 나는 상금 받은 삼만 원을 그녀의 손에 쥐여주면서 미안하다고 말했다. 그녀가 뭐가 미안하냐고 묻기에 허락 없이 이름을 훔쳤다고 말하면서 나의 꿍꿍이를 털어놓았다. 그랬더니 그녀는 놀라는 표정도 없이 이 상금으로 술이나 먹자며 껄껄 웃었다. 무슨 여자가 이렇게 무뚝뚝할까? 그래도 나는 그 무뚝뚝한 모습이 귀여웠고 함께 술을 먹을 수 있다는 것이 너무 좋았다. 이튿날 아침 어떤 사람이 나를 흔들어 깨웠다. 나는 신촌역 부근 어느 전봇대 밑에서 세상모르고 자고 있었다. 그녀와 술을 마신 것까지는 알겠는데 사랑한다고 말을 했는지 안 했는지 통 기억이 나지 않을뿐더러 무슨 말이 오갔는지도 모르겠고 어떻게 헤어졌는지도 기억이 나지 않았다. 나는 그저 그녀와 단둘이 있었다는 사실만 기억할 뿐이었다. 목이 타오르고 가슴이 뜨거웠다. 어느 가게에 들어가 물 한 잔 얻어 마셨는데도 가슴은 여전히 뜨거웠다. 가만히 보니 내 가슴속에서 불씨가 불꽃이 되어 훨훨 타오르고 있는 것이었다. 나는 조금 전 물을 얻어먹은 가게에 들어가 또 물을 얻어 마시고 겨우겨우 불을 껐다. 그런데 집에 가는 도중에 다시 불이 붙었다. 나는 타고 가는 버스에 불이 옮겨붙을까 봐 버스에서 내려 집까지 걸어갔다.

    같이 연습한 지 두 해가 지난 어느 날 모임은 없어지고 나는 나라의 부름을 받고 군에 입대했다. 내 가슴에는 여전히 불씨가 있었다. 어쩌면 그 불씨의 힘으로 군 생활을 했는지도 모른다. 그러던 어느 봄날 그녀가 면회를 왔다. 남자 동무를 데리고. 같은 과 동무라며 소개해주었는데 그동안 잘 타오르던 불길이 물벼락을 맞은 꼴이 되었다. 마음속에 연기가 자욱했다. 예감은 거의 맞는다는 말이 나에게도 닥쳤다. 그녀는 대학을 졸업하고 얼마 지나지 않아 그 남자 동무와 결혼해서 미국으로 떠났다. 마치 내 사랑이 납치당한 것 같았다. 보통 납치당하면 도와달라고 소리쳐야 하는데 그녀는 아무 소리도 지르지 않고 떠났다. 고무신을 거꾸로 신은 게 아니었다. 그녀는 애당초 고무신을 신고 있지 않았다. 처음으로 그녀가 미웠다. 그런데 미워하면 할수록 마음속에 연기만 자욱했다. 불씨가 완전히 꺼지기를 바라면서도 한편으론 불씨가 되살아나기를 바라고 있었다. 꺼져라, 꺼지지 마라, 꺼져라, 꺼지지 마라······.

그래도 사랑의 이름으로 그 불씨를 살려보려고 애를 썼다. 나는 내 마음속에 뒹굴고 있는 낙엽들을 죄다 긁어모아 힘없는 불씨 위에 조심스레 올려놓고 후후 불었다. 후후 부는데 눈물이 나왔다. 연기 때문에 나오는 건지 슬퍼서 나오는 건지는 알 수가 없었다. 마음이 통했던가? 다 죽어가던 불씨가 되살아났다. 불은 눈 깜짝할 사이에 타올랐고 불길을 다스린 적이 없던 나는 당황하여 허둥대기만 하였다. 사랑이란 이렇게 걷잡을 수 없는 불길인가? 하지만 그놈의 불길은 예쁘게 피어오르지 않고 엉뚱하게도 내 마음에 화상을 입히고 말았다. 불길이 술에 취했는지 불춤으로 바뀌었고 나는 꽉 막힌 마음에서 출구를 찾지 못하고 눈물만 흘렸다. "내가 오르지 못할 나무는 쳐다보지 말라고 했지?" 귓가에서 마귀할멈의 목소리가 들렸다.

화상을 입은 내 마음은 날마다 쓰리고 아팠다. 그녀가 미국으로 떠나고 난 뒤 나는 날마다 그녀의 이름을 부르면서 술을 마셨다. 민주야, 가서 행복하게 잘 살아라! 술은 훌륭했다. 드디어 불씨는 기운을 잃고 가물거렸다. 하지만 화상을 입은 마음의 상처는 쉽게 가라앉지 않았다. 그러던 어느 날 대통령이 총에 맞아 죽었다는 소식이 전해졌다. 영화에서나 볼 수 있는 장면이 현실에서 나타난 것이다. 어떤 사람들은 대통령의 죽음을 슬퍼했고 어떤 사람들은 새로운 세상을 기다렸다. 그때 나는 아무런 느낌이 없었다. 마음이 쓰려 감각이 둔해진 탓이었다.

나라가 혼란스러웠다. 민주 투사들이 희망의 불씨를 태웠지만 불은 좀처럼 지펴지지 않았다. 병정놀이는 날마다 이어지고 얼마 지나지 않아서 광주에서 심상치 않은 일이 일어났다는 소식이 들려왔다. 마음에 화상을 입은 나는 세상 돌아가는 것을 잘 알지 못했고 그해 겨울 동무들이 찾아와 들려준 얘기를 듣고 나서야 상황의 심각성을 알았다.

나는 민주 투사도 아니면서 꺼져버린 민주 불씨를 아쉬워했다. 순간 미국으로 떠나간 그녀의 얼굴이 겹쳤다. 남들은 그녀의 얼굴이 못생겨서 민주라고 불렀지만 나는 그녀의 못생긴 얼굴이 예뻐서 민주라고 불렀다. 벽에 기대어 나를 쳐다보고 있는 기타를 천천히 잡았다. G코드를 누르고 한 음 한 음 튕기며 노래를 불렀다. 눈물이 흘러 쓰라린 마음에 닿으니 그제야 남은 불씨가 가냘픈 연기를 남기고 꺼져버렸다.

한때는 자네를 믿고 살았지만 이젠 그렇지도 않네. 자네를 향한 백성들의 불씨는 꺼져버린 지 오래되었다네. 나 역시 이제 자네를 좋아할 힘도 없고 싫어할 힘도 없고 그냥 관심 자체가 없네. 지난날의 내 사랑은 못생겨도 예뻤는데 자네는 거울도 보지 않나? 때 낀 얼굴이 참으로 보기 싫구먼.

하지만 자네를 등에 업은 사람들은 여전히 자네를 예쁘다고 하지. 그들은 자네의 이름을 팔아 누리고 싶은 대로 다 누렸다네. 내 말을 믿지 못하겠다면 자네 눈으로 똑똑히 보게나. 자네를 등에 업은 사람 가운데 자네를 기억하는 사람 있으면 손을 들어보라고 해보세. 아마 한 명도 없을걸세.

어떤 사람은 앙상한 나무를 보고도 행복하다 말하지. 봄에 새잎이 돋을 거라는 걸 알고 있기 때문이지. 또 어떤 사람은 눈앞의 앙상한 나무가 무슨 나무인지도 모르면서 그냥 봄이 오기만을 기다리지. 꽃은 봄이 와서 피는 게 아니라 겨울을 살아서 피는 거지. 내 마음에도 봄이 오고 꽃이 피면 화상 흉터는 가려지겠지?

그 누가 나를 사랑한다고 해도
이젠 사랑의 불꽃 태울 수 없네
슬픈 내 사랑 바람에 흩날리더니
뜨거운 눈물 속으로 사라져버렸네
텅 빈 내 가슴에 재만 남았네
불씨야, 불씨야 다시 피어라
끝내 불씨는 꺼져, 꺼져버렸네
이젠 사랑의 불꽃 태울 수 없네

-「불씨」, 1982/처음 제목 : 민주에게

섬진강

미움을 도려낸다고 해서
사랑이 보이는 건 아니다

새잎을 보면 순수하고 아름답다는 생각이 절로 든다. 나도 새잎일 때가 있었지. 첫울음, 첫걸음……. 하지만 지금은 늙은 잎사귀! 순수로 살고 싶어도 뜻대로 되지 않는다. 나무들은 해마다 새잎이 돋는데 사람들은 왜 그러하지 못할까. 명상하면 마음속에 새잎이 돋으려나? 강물도 처음에는 새잎처럼 순수하고 맑았겠지? 설레는 마음으로 풀숲을 헤치고 올라가 섬진강의 처음을 본다. 웅덩이 풀잎 사이로 노란 양지꽃이 귀엽다. 순수함은 보았으나 숨어 있는 아름다움은 끝내 찾지 못하고 내려왔다. 내가 아름답지 못하니 남의 아름다움을 보지 못하는 게지.

철쭉나무 속에서 하얀 꽃 예닐곱 송이가 고개를 내밀고 인사를 한다. 어찌나 귀여운지 걸음을 멈추고 한참 동안 쳐다보았다. 초록 잎 바탕에 흰 꽃이라, 자세히 보니 하얀 꽃은 달걀꽃이었다. 누구를 돋보이게 해준다는 거, 그거 쉬운 일 아니다. 철쭉이 품어주지 않았더라면 달걀꽃이 이처럼 예쁘게 보였을까? 섬진강 걸으면서 아름다움이라는 게 뭔지 다시 생각하게 되었다. 섬진강이 아름다울 수 있는 건 섬진강을 사랑하는 산과 구름과 하늘이 있기 때문이다. 인생은 아름다운 거라고 쉽게 말하지 마라. 나 혼자 그렇게 산 게 아니다. 묵묵히 나를 지켜준 누군가가 있었음이니 그들을 잊어서는 아니 된다. 그림자를 보라. 달빛, 햇빛이 있었기에 그림자로 살 수 있었던 거다. 거울을 보고 자기가 아름답다고 생각하는 사람은 적잖이 이기적인 사람이다.

강 건너 산허리에 어울리지 않는 집 한 채가 보인다. 제집 제 마음대로 짓고 사는데 누가 뭐라 하겠느냐마는 아무리 그렇더라도 풍광을 해쳤다면 좀 미안하지 않을까? 하지만 이 나라에는 이렇다 할 규정이 없다. 생태 보존은커녕 사람 위주로 강산이 변해가고 있으니 앞으로 뭇 생명의 보금자리가 걱정이다. 강산은 본디 사람의 것이 아니다. 설령 사람의 것이라 우겨도 그건 백성들 것이지, 어느 특별한 누구의 것이 아니라는 거다. 매화가 아름다운가, 매화마을이 아름다운가? 매화마을에 줄지어 서 있는 관광버스를 보노라면 스스로 무너지는 아름다움이 안타깝기만 하다. 아름다움의 바탕은 어울림이다. 꽃들이 아름다운 건 서로 어울림이 있기 때문이다. 빛깔과 모양은 서로 다르지만 튀는 꽃은 없지 않던가. 사람이 꽃보다 아름다울 수 없는 까닭이 거기에 있다.

사람들과 잘 어울리는 사람도 있지만 혼자 돋보이려는 사람도 있다. 어릴 때도, 학교 다닐 때도, 어른이 되어서도 그렇다. 보일 듯 말 듯 작은 들꽃이 아름다운 건 잘 드러나지 않기 때문이다. 거기가 어딘지 모르겠으나 논바닥에 교회가 우뚝 서 있는 걸 보았다. 꼭 저렇게까지 해야 하나? 논바닥을 짓밟고 우뚝 선 교회는 과연 훌륭한 교회일까? 하늘도 노할 일이었다. 여행하면서 큰 교회들은 많이 보았지만 이처럼 무섭게 생긴 교회는 처음 보았다. '다움'은 잘 드러나지 않음에 있다는 것을 그들이 모를 리 없다. 내가 존경하는 신경외과 의사 한 분이 있는데 몇십 년을 지켜봐도 의사 같지 않다. 그동안 고통받는 환자들을 꽤 많이 고쳐주었는데도 여전히 의사처럼 보이지 않는다. 본인이 아름다운 사람이라는 걸 모르고 있으니 참으로 아름다운 사람이다.

강이 흘러가는 것처럼 사람도 흘러간다. 어디로 흘러가느냐에 따라서 아름답게 보이기도 하고 지저분하게 보이기도 한다. 예쁜 마을을 지나는 강은 예뻐 보이지만 지저분한 곳을 지나는 강은 지저분하게 보인다. 사람도 나쁜 사람 만나면 나쁜 사람 되는 거다. 도둑 잡는 경찰이라 하여 고마운 거지만 경찰도 좋은 경찰, 좋지 않은 경찰이 있다. 아이들을 가르치는 선생님 역시 고맙지만 좋은 선생님, 좋지 않은 선생님이 있고 말씀을 전하는 성직자도 좋은 성직자, 좋지 않은 성직자가 있다. 섬진강이라고 섬진강이 다 아름다운 건 아니라는 거다. 사랑이 지나치면 미움이 보인다. 섬진강을 해친 사람들은 섬진강을 사랑한 사람들이다. 미움을 도려낸다고 해서 사랑이 보이는 건 아니다.

기다림과 그리움의 바탕은 참음이며 참음의 다른 말은 아름다움이기도 하다. 500리를 흘러 바다와 만나려고 했던 강은 만나기도 전에 바다가 되었다. 바다를 만나면 주려고 했던 선물이 눈 깜짝할 사이에 부서지고 강의 기쁨도 허무하게 사라졌다. 그 모습을 바라보던 어떤 사람이 말했다. 만남이 어수선해진 건 서로 참지 못했기 때문이라고. 그자의 얼굴을 쳐다보며 나는 한숨을 쉬었다.

나지막한 산에서 흰 진달래를 보았다. 소문을 들은 사람들이 그 꽃을 보러 갔고 나는 거짓말쟁이가 되었다. 그새 누가 캐 갔다. 따지고 보면 내가 잘못했다. 내가 말하지 않았더라면 흰 진달래는 그 자리에서 곱게 살았을 텐데……. 아름답다고 말하면 아름다움이 사라지는 우리나라! 울릉섬, 제주섬에 사는 사람들은 어떨지 몰라도 개발이라는 이름으로 사라진 아름다움이 너무 그립고 안타깝다. 섬진강도 야금야금 망가지는 건 아닌지 모르겠다. 변화는 당연한 게 아니다. 재첩이 사라지는 걸 어떻게 변화라고 할 수 있는가? 변화에 잘못 엮이면 후회만 남는다. 담배 피우는 사람은 제 몸에서 담배 냄새가 난다는 걸 모른다.

그날은 비와 바람이 화가 많이 났다. 강길에서 빠져나와 찻길 걷는데 비바람이 마구 두들겨 패서 우산은 저만치 날아갔고 나는 한순간에 비 쫄딱 맞은 강아지가 되었다. 비바람을 피해 어떤 집에 들어갔다. 할머니 혼자 계셨다. 비 맞은 내 꼴을 보고는 준비된 게 없다면서 라면을 끓여주었다. 라면이 그렇게 맛있을 수가 없다. 아껴 먹는 술이라면서 큰 병 소주까지 내왔다. 찌그러진 양재기에 소주를 따라 마시던 할머니가 총각무 한 입 깨물더니 은은한 목소리로 흥얼거렸다. 빗소리에 흥얼거림이 섞이니 천상의 노래가 따로 없다. 아들 놈 생각이 나서 나를 봐준다는 할머니 눈동자에 강물이 흐른다. 아, 저 할머니가 섬진강이다!

압록강, 두만강처럼 이름만 들어도 가고픈 곳이 있지만, 막상 가보면 기대에 어긋나는 경우가 많다. 푸른 물은 보이지 않고 뭔가 한을 품고 있는 것 같기도 하고……. 어릴 때부터 그리워하던 강이었는데 보고 나서 실망을 많이 했다. 섬진강 역시 기대에 어긋나기는 마찬가지, 하지만 강이 무슨 잘못이 있겠는가? 사람만 외로운 것이 아니다. 알고 보면 강도 외롭다.

버스 타고 보는 풍경이 다르고 혼자 걸으면서 보는 풍경이 다르다. 나 혼자 걸어가는 모습을 차 타고 지나가는 사람이 볼 수도 있고 구멍가게 앞에서 술 마시고 있는 사람이 바라볼 수도 있다. 나는 그대로인데 보는 시각에 따라서 얼마든지 달리 보일 수 있다는 거다. 산이 그대로 있고 강이 그대로 흐르는 것처럼 사람도 그대로의 모습으로 사는 게 맞다. 애써 어떤 시각에 맞춰 산다는 건 자신을 속이는 일이고 나중에 후회하게 된다. 압록강은 압록강처럼 두만강은 두만강처럼 섬진강은 섬진강처럼 흘러야 한다. 섬진강이 두만강, 압록강처럼 흐를 수도 없는 일이고 내가 부처님, 예수님처럼 살 수도 없는 일이다. 사랑해본 적 없으면서 옛사랑을 그리워하고 꿈 지녀본 적 없으면서 옛꿈을 떠올리는 이 쓸쓸함! 흘러가는 물소리에 어젯밤 떠올랐던 노래를 흥얼거려본다.

공장에서 만들어질 때는 다 똑같은 모양의 신발인데 팔려 가면 신기하게도 신발 주인의 모습을 닮는다. 옷도 모자도 마찬가지다. 그러하듯이 강도 흘러가면서 마을을 닮는다. 발원지에서 바다까지 흐르는 강의 모습이 일정하지 않다. 아니다, 어쩌면 마을이 강을 닮아 간 건지도 모르지. 가람이 아름다우면 뫼도 아름답고 뫼가 아름다우면 가람도 아름답다.

부부가 오누이 같다는 건 서로 닮아가며 살았다는 것 아닐까? 누구를 사랑하든, 무엇을 사랑하든 잘 알지도 못하면서 사랑한다고 하는 건 문제가 좀 있다고 생각한다.

산에서 다친 무릎 때문인지 왼발이 무겁고 엉치뼈는 원인도 모르게 시큰거린다. 두 발이 사이좋게 걸으면 좋겠다마는 한쪽 발에 치우쳐 걸으니 걷기가 꽤 힘들다. 한쪽 발은 슬픔, 한쪽 발은 기쁨이라고 생각하니 혹시 내가 균형을 잃고 사는 건 아닌지. 기쁨을 좇다가 슬픔이 부르튼 건가, 슬픔을 피해 걷다가 기쁨이 부르튼 건가? 이윽고 부르튼 두 발을 강물에 담갔다. 슬픔과 기쁨이 화해하니 참 좋다. 슬픔은 피하는 것이 아니라 껴안는 것이고 기쁨은 좇는 게 아니라 피하는 것이다. 윤슬이 참 곱다. 두 발의 문제를 한 번에 해결해준 강이 존경스럽기도 하고……. 푸른 하늘에 흰 구름 흘러가니 하늘이 아름답고 강물에 그 하늘이 보이니 강 또한 아름답다. 이렇듯 자연의 사랑은 서로를 빛나게 해주는데 사람의 사랑은 그렇지 않구나. 이제 섬진강은 아무한테나 물어봐도 맑고 아름다운 강이라 한다. 하지만 섬진강은 그런 말이 싫다. 자식이 외로운 것도 모르고 그저 사랑한다고만 말하는 부모는 나중에 자식이 불행해져도 사랑한다는 말만 할 것이다.

노을 젖은 강물 위에
옛사랑 가물거리네
노을 한 잔 마셔보니
저무는 사랑일세
어이어야 어이어이어야
사랑이 흘러가네
나도 흘러가네

달빛 젖은 구름 속에
옛꿈이 아롱거리네
달빛 한 잔 마셔보니
눈물이 흐르네
어이어야 어이어이어야
꿈이 흘러가네
나도 흘러가네

-「섬진강」, 1995

제다움

생강나무는 마을로 내려가지 않고
산수유나무는 산으로 올라가지 않는다

꽃이 시들면 잎사귀가 남고 잎사귀마저 떨어진 나무는 앙상한 나무로 봄을 기다린다. 꽃은 꽃으로 살았고 잎사귀는 잎사귀로 살았고 그게 고마워서 나무는 나무로 살아 이듬해 새잎을 돋게 하고 꽃을 피운다. 사람은 잎사귀처럼 살지도 않고 나무처럼 살지도 않고 오로지 꽃처럼 살려고 한다.

꽃은 시듦을 슬퍼하지 않고 잎사귀는 때가 되면 떨어진다. 사람은 시듦을 모르고 떠남을 모른다. 꽃은 후회 없이 지고 잎사귀는 후회 없이 떨어지는데 사람은 후회하면서 낙엽이 된다.

하루는 어떤 시인이 자기 시에다 곡을 붙여달라고 찾아왔다. 나는 잠시 고민에 빠졌다. 노래가 된 시는 다시 시로 돌아가기가 어렵다고 말했다. 시인은 괜찮다고 말했다. 그래도 시인인데 어찌 그런 말씀을? 시인은 웃었고 나도 웃었다. 나는 시에다 곡을 붙여본 적이 없고 그럴만한 실력도 없다고 정중히 말했다. 그 시인은 알겠노라고 고개를 끄떡이며 돌아갔다. 아무리 뛰어난 작곡가라 할지라도 시인이 애써 지은 시를 망치지 않고 잘 만들 수 있을 거라는 보장은 없다. 만약 작곡가와 시인이 같은 생각을 한다면, 그러니까 곡도 빛나고 시도 빛나리라는 생각을 한다면 그건 정말 위험한 생각이다. 자칫 시를 배신하는 또는 그 배신을 도와주는 꼴이 되기 때문이다.

시는 시로 남는 게 좋고 노랫말은 노랫말로 남는 게 좋다. 만약 시가 노래가 되길 바란다면 처음부터 노랫말을 쓰는 게 옳고 이미 써놓았던 시를 노랫말로 내밀면 시가 운다. 입고 있던 옷을 벗기고 노랫말로 된 옷을 입히는 건데 그리 되면 팔려 가는 기분이 들지 않겠나? 팔려 가면서 서러운 눈물을 흘리겠지. 생각해보라, 아무리 가난해도 자식을 파는 부모가 어디 있겠느뇨? 옛 시인들은 그걸 알았다. 가곡에 시를 건네준 옛 시인들의 생각을 들여다보자.

박화목 시인은 「그대 창밖에서」를 자신의 시집에 싣지 않았다. 가곡으로 유명한 박목월 시인의 「이별의 노래」가 그의 시집에 없고, 역시 유명 가곡인 양중해 시 「떠나가는 배」도 양 시인의 시집에 없다. 요즘 분위기로 봐선, 자신의 시가 노래로 만들어지면 시집을 만들 때 그 시를 더 부각하려고 할 것 같은데, 수십 년 전의 시인들은 요즘 시인들과는 생각이 달랐던 것 같다. 노랫말이 되었으니 시가 아니라고 생각해서 시집에 안 넣었을까? 아니면 노래가 된 자신의 시를 시집에 싣는 것을 점잖지 못하다고 겸연쩍게 생각해서였을까?
(「가곡의 탄생」, 이정식 지음, 반딧불이, 2017)

윤형주가 육촌 형인 윤동주의 시에 곡을 붙이려고 하자 윤형주의 아버지는 말렸다고 한다. 윤동주의 시를 보호하려면 그렇게 하는 것이 옳다고 생각한 것이다. 실제로 노래가 된 시들을 보면 뭔가 시로서의 빛깔을 잃어버렸다는 느낌을 지울 수 없다. 하지만 노랫말로 변신한 시들이 심심치 않게 나타나는 마당에 빛깔을 잃어버렸다고 한들 그게 무슨 의미가 있겠는가. 어차피 시와 노랫말은 겉모습이 엇비슷해서 대중들도 거기에 대해서는 애써 구별하려고 하지 않는다.

    노래책을 보면 어떤 노래는 '작사'라고 되어 있고 어떤 노래는 '작시'라고 되어 있는 것을 보게 된다. 노랫말이 시인의 글이면 작시라고 하는데 '작'을 빼고 그냥 '시'라고 하는 게 옳다. 예전에는 노랫말이라는 표현이 없었다. 그런데 요즘 들어 노래가 된 시가 많다 보니 시와 작사의 차별화만 생기고 말았다. 나는 굳이 그런 차별화가 생겨나서는 아니 된다고 본다. 그냥 대중들에게 좋은 노랫말로 남으면 되는 것 아닌가? 그런데 최근 들어 시인들이 노래에 참여하는 것이 눈에 띄게 많이 늘었다. 실제로 시인들과 작곡가들이 모여서 시, 노래 발표회도 하는 그런 모임도 생겨났다. 작곡가들은 시에 곡을 붙인다는 게 좋고 시인들은 자기 시가 노래로 만들어진다는 게 좋다고 생각하는 것 같다. 하지만 막상 노래가 된 시들은 기대했던 것과는 달리 대중들의 호응을 얻지 못했다. 물론 몇몇 곡은 시를 알리는 데 성공을 했지만 모든 시가 다 그리된 건 아니다. 노래에 쓰는 말을 시에 갖다가 쓰면 어색하듯이 시에 쓰는 말을 노래에 갖다 쓰는 것 역시 어색하다.

   노래란 노랫말에 가락을 만들어서 부를 수 있는 것을 말하는 것인데 거꾸로 가락에다 노랫말을 붙이는 경우도 많다. 그러다 보니 노랫말을 퍼즐 맞추듯 짜맞추는 일이 흔해졌다. 잘 쓴 시를 대패질하여 가락에 맞추는데도 시인은 그냥 고개만 끄떡인다. 음에는 거기에 어울리는 노랫말이 있고 노랫말에는 거기에 어울리는 음이 있으니 아무리 아름다운 말이라도 음하고 어울리지 못하면 느낌이 떨어질 수밖에 없다. 노래가 된 시가 의외의 실패를 하는 까닭이 거기에 있다. 내 생각에는 수족관에 들어가 풀죽은 노랫말로 사느니 그냥 바다에서 빛나는 시로 사는 게 옳다고 본다. 시 속에는 우리가 생각하지 못한 다양한 음악이 있는데 굳이 노랫말이 되어 한 음악에 갇히게 되면 시와 노랫말의 경계는 무너지게 된다. 이렇듯 시와 노랫말은 비슷한 게 아니라 근본적으로 다른 거다.

'호박에 줄 긋는다고 수박 되나?' 아무리 위장해도 본질은 변하지 않는다는 뜻으로 이런 말이 생겨난 것 같은데, 호박 입장에서는 서운할 수밖에 없다. 따지고 보면 호박도 수박도 다 귀한 것인데 어쩌다 그런 말이 생겨났는지 모르겠다. 사람들이 은연중에 호박을 흔한 거로, 수박을 귀한 거로 여겼던 건 아닐까? 아무리 그렇다 하더라도 사람은 물론, 세상에 존재하는 모든 건 그 자체로 제다움이 있는 것이다. 노랫말이 문학상을 받은 일이 있었다. 문학의 기준이 뭔지 모르겠지만 노랫말은 음악상으로 분류하는 게 맞을 듯싶다. 노래를 구성하는 것 가운데 가장 중요한 것이 노랫말이기 때문이다. 생강나무와 산수유나무가 비슷하다 해서 생강나무를 산수유나무라 하지 말고 산수유나무를 생강나무라 하지 말았으면 좋겠다.

무릇 디자인이라는 것이 꾸미는 것인데 시나 노랫말이라는 것도 따지고 보면 말 가지고 그림을 그리는 것이다. 그런데 그럴듯한 말들만 골라서 퍼즐 맞추듯 꿰맞추면 시라고 할 수도 없고 노랫말이라고 할 수도 없다. 간혹 사람들이 노랫말이나 시를 천하게 여기는 경향이 있는데 바로 퍼즐 맞추듯 시를 짓고 노랫말을 지었기 때문이다. 무언가에 얽매이면 그 무언가를 하기가 어려워진다. 붓글씨도 잘 쓰려고 하면 잘 안 써지는 것이고 마음을 다하면 붓 가는 대로 써지게 되는 것이다. 삐뚤빼뚤 쓴 아이의 글씨가 훌륭한 서예가의 글씨보다 따뜻하게 느껴지는 건 아이의 마음이 하늘 같기 때문이다.

오랜만에 고향을 찾았다. 옆집 살던 고향 누나가 보고 싶었다. 드디어 보게 되는 누나의 얼굴! 그런데 예전에 보았던 누나의 모습이 아니었다. 어린 날의 누나는 예쁜 얼굴이었는데 쌍꺼풀이 되어 얼른 알아보지 못했다. 속으로 외쳤다. 아, 예쁘던 누나! 쌍꺼풀은 왜 한 거야! 자기 얼굴을 버리면 자기 얼굴을 되찾기 어렵다. 좋아하는 탤런트가 있었는데 그 탤런트도 쌍꺼풀을 하여 다른 얼굴이 되었다. 아, 쌍꺼풀 세상이 되었구나! 아무리 생각해도 이해할 수가 없다. 쌍꺼풀은 자기다움을 지우는 건데……. 내가 나로 살고 너도 너로 살아야 하는데 내가 나를 버리고 너도 너를 버리니 우리가 만나지 못하는 이유가 거기에 있었네. 내가 나였으면, 네가 너였으면 우리는 만날 수 있었다.

생명 평화의 시작은 자기다움이다. 자기다움에 균열이

생기면 그만큼 세상에도 균열이 생긴다. 빛이 어둠을 밀어내는 건 제다움이 아니고 어둠이 빛을 밀어내는 것 역시 제다움이 아니다. 나는 빛과 어둠이 제다움에서 벗어나지 말고 서로 어울려 춤추는 그런 모습이면 좋겠다. 꽃잎이 바람에 날려도, 나뭇잎 떨어져 앙상한 가지만 남아도 나무는 지난 영광에 얽매이지 않는다. 욕심이 없다면, 시가 노랫말이 된다 해도 시로 남는 것이며 노랫말이 시가 된다 해도 노랫말로 남는 것이다. 사람도 그렇게 살면 어디에 살든 무엇을 하든 제 인생으로 남는다. 생강나무와 산수유나무는 제자리에서 사람들을 즐겁게 해줄 뿐, 생강나무는 마을로 내려가지 않고 산수유나무는 산으로 올라가지 않는다.

🎼 꽃은 꽃으로 산다네
나무는 나무로 산다네
우리네 사람들도 음음
그냥 사람이면 좋겠네

빛 속에 어둠이 있다네
어둠 속에 빛이 있다네
빛과 어둠이 어울려 춤추는
그런 모습이면 좋겠네

먼지 나는 이 거리에
비야 내려다오
메마른 가슴마다
꽃이 피면 좋겠네

내가 나였으면 좋겠어
너도 너였으면 좋겠어
우리 마음 하늘처럼 음음
그냥 사랑이면 좋겠네

―「제다움」, 1993/2025

가지꽃

무작정 서울로 간 아이들
가슴에 예쁜 꿈 피어나기를

가지꽃을 처음 만나게 된 것은 1980년 여름이다. 김제에서 농사를 짓고 있는 동무가 일손이 필요하다며 연락이 왔다. 사실 나는 농사일도 모르면서 도와주러 간다는 핑계로 며칠 휴가를 얻었다. 그렇지 않아도 답답한 일상에서 벗어나고 싶었는데……. 김제역을 나와 홀가분한 마음으로 걸었다.

오랜만에 바라보는 시원한 뭉게구름, 멀리 흙먼지 날리며 지나가는 버스도 반가운 풍경이었다.

얼마 만에 걸어보는 시골길인가? 전주 방향 이정표가 보이고 길 왼쪽으로 낡은 기와지붕이 보였다. 엉성한 블록 담에 기울어진 녹슨 철문이 동무네 집이라는 걸 말해주고 있었다. 문을 열고 들어가니 모두 일하러 나갔는지 조용했다. 마당 오른쪽에 살림 채가 있었고 논 쪽으로 향한 슬래브 처마 밑에 펌프가 있었다. 나는 물을 받아 땀에 흠뻑 젖은 옷을 빨아 널고 몸을 씻은 다음 평상에 앉아서 쉬고 있었다. 부엌 옆에서 아까부터 나를 쳐다보고 있던 깜순이는 내가 무섭지도 않은지 짖지도 않고 왔다 갔다 하면서 꼬리만 계속 흔들어댔다.

이튿날 동무 어머니가 장에 가서 고추 시세를 알아보라 하여 어제 왔던 길을 다시 걸어 장터로 갔다. 장날이라 사람들이 꽤 많았다. 다른 농산물보다 빨간 고추를 내다 파는 사람들이 상대적으로 많아 보였다. 서너 군데 들려 고추 시세를 알아본 다음 장터 구경을 하고 돌아 나오는데 저만치 길 한쪽에서 쓸쓸한 모습으로 가지를 팔고 있는 아저씨가 보였다. 가지가 가득 담겨 있는 지게에 '몽땅 천 원'이라고 써놓은 글씨가 보였다. 가까이 다가가서 지게까지 포함한 가격이냐고 물어보았다. 그러자 가만히 앉아 있던 아저씨가 갑자기 벌떡 일어나 소리를 질렀다. "이런 호랑 말코 같은 놈을 봤나!" 생각해보니 내가 잘못했다. 아무리 농사일을 모른다고 해도 그렇지, 어찌 소중한 지게를 팔겠는가. 아저씨한테 죄송하다고 말하고 돌아서는데 나도 모르게 한숨이 새어 나왔다. 가지를 세어 보지는 않았지만 가지 하나에 얼추 20원도 안 되는 가격이었다. 농산물 가격이 어떻게 정해지는지 모르겠으나 아저씨의 심정도 모르고 함부로 말을 했으니 정말이지 얻어터지지 않은 것만 해도 다행이었다.

한참을 걷다 보니 아까는 보지 못했던 시골 다방이 눈에 들어왔다. 사람들이 다방에 모여 앉아서 텔레비전에서 중계하는 권투 경기를 보고 있었다. 나도 잠깐 서서 다방 안을 들여다보았는데 어느 편을 응원하는 건지 얻어맞고 때릴 때마다 손님들이 소리를 질렀다. 때리는 사람이나 맞는 사람이나 저렇게 싸우면서 돈을 버는데 이 더위에 천 원을 벌자고 혼자 싸우고 있는 아저씨가 너무 안타깝다는 생각이 들었다. 다방 마담이 들어오라고 했지만 커피 마실 돈이면 막걸리를 마시는 게 낫다고 생각했다.

　저만치 삼거리에 큰 느티나무가 보이고 그 옆에 조그만 가게가 보였다. 동네 아저씨들이 나무 그늘에 놓인 평상에 걸터앉아서 시원한 막걸리를 마시고 있다. 갈증도 나고 해서 한잔 마시려고 했는데 갑자기 나한테 화를 내던 아저씨의 모습이 떠올랐다. 소주 5병 1,000원, 라면 10봉지 1,000원 가지 한 지게 1,000원! 나는 막걸리를 포기하고 이 생각, 저 생각하며 동무네 집으로 향했다. 그런데 고추 가격이 얼만지 잊어버리고 말았다.

　동무 어머니한테 꾸지람을 듣고 이튿날 아침 다시 장터에 갔다. 가지 팔던 아저씨를 만나면 가지를 몽땅 사서 장 보러 온 사람들한테 몇 개씩 나누어줄 생각이었다. 그런데 장터는 썰렁했고 가지 팔던 아저씨도 보이지 않았다. 어제는 왜 그런 생각을 못 했는지? 그런 걸 보면 나는 어지간히 눈치가 없는 놈이었다. 씁쓸한 마음으로 하늘을 바라보니 구름 한 점 없다.

　장터를 벗어나 길을 걷는데 길 건너편에 웬 아이가 가지밭에 앉아서 먼 산을 바라보고 있는 모습이 보였다. 무슨 시름에 잠겨 있는 건지 얼핏 보아도 쓸쓸한 모습이었다. 동무들과 함께 서울 가서 돈을 벌고 싶은데 식구들이 못 가게 하는구나! 그렇게 내 마음대로 생각해보았다. 그때였다. 느닷없이 어제 가지 팔던 아저씨가 보이는 것이었다. 아마 아이의 아버지인 것 같았다. 무슨 얘기가 오갔는지 모르겠으나 그 아이가 참 슬퍼 보였다. 나라면 어떻게 했을까? 아마 나도 서울에는 가지 말라고 했을 것이다. 하지만 그건 가난을 모르는 일반적인 생각일 뿐이다.

내가 일하는 약방에 자주 오는 아이가 있었다. 순이라는 아이였는데 고향이 김제라고 했다. 그렇다면 혹시 이 동네가 아닐까? 동네 동무들과 함께 무작정 서울로 올라갔다가 성남까지 오게 되었다는데 사실 나는 순이의 속사정을 자세히 알지는 못했다. 순이는 날마다 잠 안 오는 약을 사러 왔고 공장 일이 끝나면 야간학교에 다녔다. 순이에 비하면 나는 세상을 열심히 살지 않았다.

터벅터벅 걷다 보니 어제 본 삼거리 가게가 또 나타났다. 가게는 어느 길에서 오든 마주쳐야 하므로 그야말로 막걸리 한 사발 마시고 가는 정거장 같았다. 오늘도 느티나무 밑에서는 어제처럼 막걸리 주전자가 오고 갔다. 시원한 막걸리가 나를 유혹하고 있었지만 조금 전 가지밭에 앉아 있던 아이의 모습이 떠올라 나를 머뭇거리게 하였다. 나는 그냥 덥고 목마른 거지만 그 아이의 마음은 물 마른 땅처럼 답답했을 거라는 생각이 들었다. 막걸리의 유혹을 뒤로하고 동무네 집으로 향했다. 농사일 도와주러 오긴 했지만 별로 도와준 것도 없이 몸만 쑤셨다. 몸이 쑤신다는 것은 안 쓰던 근육을 써서 그런 건데 안 쓰던 마음을 써서 그런지 마음도 쑤셨다. 자꾸만 가지 팔던 아저씨와 가지밭에 앉아서 먼 산을 바라보던 아이가 떠올랐다.

검은 자동차 한 대가 쌩하고 지나간다. "저런 호랑 말코 같은 놈을 봤나. 이렇게 먼지를 뿌리고 가면 어쩌라는 거야?" 흙먼지는 길가의 풀잎에도 내려앉고 땀에 젖은 내 몸에도 내려앉았다. 잘사는 사람이 못사는 사람의 사정을 알지 못한다 해서 잘못한 건 아니지만 그래도 예의는 지켰으면 좋겠다는 생각이 들었다. 검은 자동차가 멀리 사라지면서 보라는 듯 흙먼지를 날린다. 사실 나는 세상이 어떻게 돌아가는지 몰랐고 아는 것도 별로 없었다. 쌀값이 어떻게 정해지는

지, 담배는 나쁘다면서 왜 파는지, 심지어는 과일이 열리는 나무들은 꽃이 없는 줄 알았고 반대로 나무에 핀 꽃을 보고는 그냥 예쁘다고만 했지, 거기서 열매가 열리는 줄도 몰랐다. 그뿐만 아니라 '고향의 봄'을 배울 때도 복숭아꽃 살구꽃 아기 진달래를 알지 못했다. 그러던 내가 가지에서도 꽃이 핀다는 걸 처음으로 알게 되었다.

가지밭에 앉아 있던 아이 옆에 보랏빛 꽃이 보였는데 나는 그 꽃이 궁금하여 동무 어머니한테 물어보았다. "야, 이놈아, 가지 나무에 피었으면 가지꽃이지, 너는 알아 오라는 고춧값은 안 알아 오고 뭔 가지꽃 타령이냐?" 나는 김제에서 그렇게 가지꽃을 만났다. 가지꽃에 대한 첫 느낌은 슬프다는 것이었다. 가지밭에 쓸쓸하게 앉아 있던 아이와 천 원을 벌려고 가지 한 지게를 메고 장터에 간 아저씨를 보았기 때문일까?

짧은 휴가를 마치고 동무네 집을 나서는데 동무 어머니가 집에 가서 먹으라며 먹거리 한 보따리를 꾸려주었다. 솔직히 농사일을 도우러 온 것이 아니라 밥만 축내고 가는 것 같아서 얼마나 미안한지⋯⋯. 기차 타고 가면서 먼 산을 바라보는데 가지꽃이 눈에 아른거렸다. 유치원 아이들처럼 자연 학습 마치고 가는 것 같았다. 가지 나무에 꽃이 핀다는 것, 꽃이 예쁘고 보랏빛이라는 것, 그리고 슬프게 생겼다는 것을 알았으니 말이다. 가지밭에 앉아서 쓸쓸하게 먼 하늘을 바라보던 아이, 잠 안 오는 약 사 먹고 공장 다니고 야간학교 다니는 순이, 모두 다 가지꽃처럼 예쁜 아이들이다. 나보다 어린 동무들이 돈을 벌기 위해서 고향을 떠난다는 것을 알게 되었고 학교에 다닐 형편이 되지 못한 아이들이 생각보다 많이 있다는 것도 알게 되었다. 학교에 다니는 아이들만 청소년이 아니라 공장에 다니는 아이들도 청소년이다. 그런데 이 사회는 학교에 다니는 아이들만 청소년으로 생각하는 것 같다. 무작정 서울로 간 아이들! 그 가슴에 예쁜 꿈 피어나기를…….

보랏빛 가지꽃, 가지꽃 위에
고추잠자리 날아와서 무슨 얘기일까
가지를 따다가 지게에 담아
장에 나가 팔아 보니 별것 아니구나

우리 동생 순이가 서울 간다는데
서울에 가면 무슨 수로 돈을 번단 말이냐
느티나무 그늘 밑에 동네 아저씨들
이런 얘기 저런 얘기 막걸리 한잔

터벅터벅 걷다 보니 목이 타오르네
나도야 냉막걸리 마시고 싶다
마시고 갈까 그냥 갈까 머뭇거리다가
순이 얼굴 떠올라 그냥 걸었네

점잖은 자동차가 내 옆을 지나
흙먼지 날리면서 마구 달려가네
남의 속도 모르면서 먼지는 왜 날린담
까닭 없이 미워지네 검은 자동차

하늘을 바라보니 구름 한 점 없네

비라도 내렸으면 참 좋겠다

가지밭에 순이 혼자 무슨 생각일까

보랏빛 가지꽃 쓸쓸하구나

-「가지꽃」, 1980/1989

개밥에 도토리

아무리 세상이 변해도
하늘은 변하지 않는다

    세상이 변한 건 사람 때문이다. 사람이 없다면 세상은 변하지 않는다. 만약에 사람이 달에 올라가 산다면 달도 변할 것이다. 얼핏 보면 넓은 세상이 개밥이고 사람들이 도토리여야 하는데 사람의 수가 너무 많으니 사람이 개밥처럼 느껴지고 상대적으로 하나로 보이는 지구가 도토리처럼 느껴진다. 도토리 속에 사람들이 사는 모양새다. 사람들은 자기네들이 망가트려 놓은 지구를 보고 지구가 많이 변했다고 한다. 하지만 아무리 세상이 변한다 해도 하늘은 변하지 않는다.

울타리를 지키는 게 옳으냐, 울타리를 부수는 게 옳으냐? 변하지 않는 것이 옳으냐, 변화를 따라가는 것이 옳으냐? 물결은 물결에 밀려나고 새로운 것은 새로운 것에 밀려난다. 울타리를 부수고 밖으로 나가봐야 또 다른 울타리에 갇히게 된다. 그렇다면 무엇이 새로움이고 무엇이 진부함이냐? 어차피 울타리에 갇힐 거면 울타리를 부수지 않는 게 낫다. 그래도 울타리를 부수고 싶다면 기다려야 한다. 울타리는 몸으로 부수는 것이 아니다. 마음 저 깊은 곳에 마르지 않는 샘이 있는데 그 샘물을 퍼다가 울타리에 뿌리면 울타리는 저절로 부서진다. 다만 그렇게까지 해서 울타리를 부술 필요가 없다는 거지.

가끔은 내가 시류에서 멀리 떨어져 있다는 것을 느끼곤 한다. 멀리 떨어져 있으니 함께 어울릴 수 없다는 것도 깨닫는다. 시류에 배 띄워놓고 품위 있게 놀아보자는 동무가 있었다. 품위 있게 놀아보자는 게 뭔지 모르겠지만 나는 싫다고 말했다. 아무도 나에게 뭐라 그러는 사람 없는데도 사람들이 무섭고 나만 동떨어진 옷을 입고 있는 것 같았다. 그렇다고 시류에 맞는 옷으로 갈아입을 생각도 없었다. 결국, 믿었던 동무에게 사기를 당하고 나서야 정신을 차리기 시작했다. 믿음과 사랑이 희미하게 보이던 어느 날, 나는 사회로부터 강제로 개밥에 도토리라는 훈장을 받았다. 그 훈장을 받고 중얼거렸다. 변하지 않는 것이 새로움이다.

내가 처음으로 개밥에 도토리가 된 것은 중학교 1학년 때였다. 공부를 못해서 2학년에 올라가지 못하고 1학년을 다시 다니게 되었는데 새 교복을 입은 아이들과 달리 나의 모자와 교복은 빛이 바래고 허름했다. 아, 나만 헌 교복이구나! 소외감이라는 게 어떤 건지 그때 처음으로 알았다. 날이 갈수록 나는 점점 외톨이가 되어갔다. 2학년에 올라간 동무들은 자연스레 나와 멀어졌고 심지어 어떤 못된 동무는 자기한테 경례하지 않는다고 나를 하급생 취급했다. 그러던 어느 날, 못된 동무들한테 몰매를 맞았다. 엊그제까지만 해도 입학 동기였는데 내가 낙제해서 그런 수모를 당하는 것이었다. 나는 그들의 주먹을 순순히 다 받아들였다. 교복에 피가 묻었고 눈퉁이는 부어올랐다. 광화문 국제극장 앞을 지나는데 파출소 앞에 서 있던 순경이 다가와 괜찮으냐고 물었다. 나는 고개를 끄떡이며 괜찮은 척하며 걸었다. 지나가는 사람들이 나를 개밥그릇에서 탈출한 도토리로 생각하는 것 같았다.

고등학교 1학년 때 연극을 한 적이 있었다. 나는 주인공을 받쳐주는 역할이었다. 그런데 내 역할에 충실하지 않고 주인공을 부러워했다. 등정에 성공한 사람도 있지만 그를 도운 짐꾼도 있다는 걸 그때는 몰랐다. 이렇듯 각자의 역할이 있는데 나는 내 역할에 충실하지 못했다. 그때 내 역할을 제대로 했더라면 개밥에 도토리가 되지 않았을 것이다. 개밥에 도토리는 자기한테 주어진 떡을 먹지 않고 남의 떡을 바라볼 때 생기는 병이다. 그 무렵, 열등감이라는 말이 나를 쫓아다니면서 괴롭혔다. 집이 가난한 것은 열등감이 아닌데 그걸 열등감이라고 생각했고 공부를 못하는 것도, 여자 동무 없는 것도 열등감이 아닌데 그걸 열등감이라고 생각했다. 가난하면 가난한 대로, 여자 동무 없으면 없는 대로 살면 되는데 그때는 그걸 알지 못했다.

어느 가수가 나를 찾아와서는 운동권 노래를 같이하자고 말했다. 나는 그럴 만한 자질도 없거니와 그럴 형편도 안 된다고 했다. 뒷날 그 동무는 운동권 가수로 활발한 활동을 이어갔다. 사실 내 노래는 운동권 노래로는 적합하지 않다. 나는 그저 내가 본 걸 노래했을 뿐, 보이지 않는 걸 노래하기에는 실력이 많이 모자랐다. 그러다 보니 내 노래는 자연스레 울타리 안에 갇히게 되었고 흐름에서 점점 밀려나고 있다는 것을 느낄 수 있었다. 그렇다고 운동권 노래를 섣불리 만들 수도 없는 노릇이었다. 사람 앞에 나서지도 못하면서 무슨 운동권 노래를 만들 수 있겠나 싶었다. 사실 나는 운동권 노래라는 말 자체를 이해하지 못했고 그 말이 언제부터 왜 생겨났는지조차도 알지 못했다.

어느 후배가 자기가 쓴 책이 나왔다며 책을 보내 왔다. 책을 펼쳐보니 여러 꼭지 가운데 나에 관한 얘기도 쓰여 있었다. 고마운 마음으로 읽어보았는데 생각과 달리 좀 부담스러운 데가 있었다. 노래에 대한 정보를 제대로 확인하지 않은 게 불편했는데 그보다는 나를 과대평가한 게 목에 걸린 가시처럼 껄끄러웠다. 읽고 나서 칭찬해주려고 했는데 그 마음이 조금씩 사그라졌고 나는 한숨을 쉬며 이런 경우 어찌해야 하나 망설이다가 기어이 전화를 걸어 불편한 얘기를 하고 말았다. 그래도 나를 생각해서 쓴 글인데 괜히 전화했나 싶어 칭찬해주지 못해서 미안하다는 문자를 남겼다. 당연히 칭찬받을 줄 알았던 후배는 마음이 상했을 것이다. 그냥 고맙다고 말을 하면 될 일을 내가 너무 옹졸하지 않았나 하는 생각이 들었다. 하지만 포장된 내 모습을 생각하니 불편한 마음이 쉽게 가라앉지 않았다. 지금까지 살면서 그나마 잘했다고 생각되는 일이 있다면 포장하지 않고 살았다는 건데 그래서 나름 여유로움이라는 것도 있었던 건데 이번 일은 참 씁쓸하게 되었다. 따지고 보면 포장을 싫어하는 내가 문제였던 거지, 후배는 아무 잘못도 없었다.

    나는 포장을 별로 좋아하지 않는다. 어차피 뜯기는 포장 아닌가. 포장에는 사전적 의미 말고 감춤, 벽, 화장, 옷, 성형의 뜻도 있다고 본다. 나는 내 속을 숨김없이 다 보여줬는데 다른 동무들은 뭔가 벽이 있는 것 같고, 그래서 그런지 학교 다닐 때는 나랑 친하게 지내려는 동무들이 거의 없었다. 그런데 그것이 속을 보여주지 않은 동무들이 잘못된 것이 아니라 속을 다 보여준 내가 비정상이라는 것이었다. 사회적 통념이 그러하다면 어쩔 수 없는 거지만 그래도 비정상이라는 소리를 들으면서까지 살기에는 좀 억울하다는 생각이 들었다. 어떤 아저씨가 그랬다. 사람을 쉽게 믿지 말라고. 그 말을 듣고 나는 세상살이가 참 어렵다는 생각이 들었다.

어쩌다 방송국에 가면 주눅이 들어 고개를 제대로 쳐들지 못하곤 했다. 무슨 죄를 지은 것도 아닌데도 그랬다. 물론 나에게 그런 병이 있었지만 참 바보같이 살았다는 생각도 든다. 고생 끝에 유명인이 된 동무가 있었다. 한번은 방송을 마치고 승강기를 타고 내려가는데 1층 문 앞에 그 동무가 서 있는 것이 보였다. 반가워서 인사를 하려고 하는데 그 동무는 고개를 돌리고 다른 곳을 바라보았다. '아, 나와 만나는 것을 꺼리는구나.' 동무의 이름이 목구멍까지 올라왔다가 사그라드는 걸 보고 얼마나 서운했던지, 내가 무얼 잘못했나 싶기도 하고 개밥에 도토리가 된 것처럼 기분이 좋지 않았다. 생각해보니 그런 일들이 여러 번 있었던 것 같다. 도토리를 어디다 치워버리든지 해야지, 이거야 원, 가는 데마다 도토리가 되니 사회생활이 어렵긴 어렵군. 도토리묵을 먹자! 그걸 자주 먹으면 좀 나아지겠지.

한번은 누가 공연하자고 찾아왔다. 나는 가수로 활동한 적이 없어서 선뜻 대답하기가 어려웠다. 나는 상품이 못 된다고 했더니 자기가 책임질 테니 걱정하지 말라는 것이었다.

기획자는 계속 연락이 왔고 나는 망설인 끝에 알았다고 답했다. 떨린다고 말했더니 나를 궁금해하는 사람들이 많다며 다독거려주었다. 어디에서 하느냐고 물으니 카페에서 한다면서 50명 정도 자리가 갖추어 있고 꽉 차면 70명도 올 수 있다고 하였다. 드디어 공연 날이 되었다. 기획자는 나를 태우고 서울을 벗어났다. 카페는 도심 한복판에 있었다. 카페 주인이 문 앞에서 우리를 반겼다. 그런데 왠지 얼굴이 밝아 보이지 않았다. 표를 많이 팔지 못한 게 틀림없었다. 내 이럴 줄 알았지, 난 상품이 못 된다고 했는데…….

드디어 공연이 시작되었다. 조명이 들어오고 카페 주인이 무대에 올라와 사회를 보았다. 짐작은 했지만 실제 상황을 보고 나는 깜짝 놀랐다. 표를 한 장 판 것이었다. 그제야 카페 주인의 표정이 밝지 않았던 이유를 알게 되었다. 기획자도 놀란 토끼처럼 나를 쳐다보고 있었다. 공연을 무사히 끝내니 외로운 박수가 울려 퍼졌다. 카페 주인이 웃으면서 말했다. "국밥에 소주나 한잔합시다!" 카페 주인, 나, 기획자, 관객 한 명, 그렇게 모두 개밥에 도토리가 되어 술잔을 비웠다. 서로 미안하다며 껄껄 웃었다. 그 가운데에서 가장 미안한 사람은 나였다. "제가 가장 미안하니 술값은 제가 내겠소." 도토리가 네 명 모이니까 더 이상 도토리도 아니었다. 집에 가면서 중얼거렸다. 세상에 얽매이지 말고, 개밥에 얽매이지 말고……. 그렇게 중얼거리다가 나는 쉬운 공식을 만들었다.

 세상 – 희망 = 세상
 희망 – 세상 = 희망
 개밥 – 도토리 = 개밥
 도토리 – 개밥 = 도토리

🎵 온 세상에 외치고 싶다
　 믿고 살자고 믿고 살자고
　 온 세상에 외치고 싶다
　 사랑하자고, 사랑하자고
　 세상 사람들 나를 보더니
　 손짓하며 웃는다
　 나도 따라서 웃어보지만
　 왠지 외롭다
　 허허벌판에 내버려진
　 돌멩이의 외로운 노래
　 세상 사람들 그 노래를
　 못 들은 척하네

-「개밥에 도토리」, 1988

슬픈 우리 아빠

출근할 땐 탱탱한 얼굴
퇴근할 땐 풀죽은 얼굴

　우리 동네에 거의 날마다 얻어맞고 사는 아저씨가 있다. 아저씨는 늘 훈장을 달고 다녔는데 그 훈장이라는 게 왼쪽 광대뼈에 붙어 있는 상처를 말하는 것이다. 언제 생긴 건지는 모르겠으나 딱지가 거의 다 떨어질 무렵이면 또 그 자리에 상처가 생겨 무슨 문신처럼 보이기도 하였다. 하루는 매

맞는 아저씨를 직접 보게 되었다. 아주머니가 큰 빗자루를 들고 와서는 고래고래 악을 쓰며 평상에 누워 있는 아저씨를 패대는 것이었다. 아저씨는 아무런 반응도 보이지 않고 얻어맞았다. 아저씨는 왜 저렇게 얻어맞기만 하는 걸까? 그런 아저씨가 불쌍하게 보였지만 한편으로는 가족에 대해서 너무 무책임하다는 생각도 들었다. 그 집 사정을 자세히 알 수는 없으나 아주머니가 아저씨를 미워하는 것은 아저씨가 날마다 술에 취해 있기 때문이었다. 동네 아주머니들도 처음에는 매 맞는 아저씨를 동정했는데 이제는 아주머니를 이해하는 쪽으로 기울어진 상태다. 나도 아저씨가 날마다 술을 마시는 이유를 통 알 수가 없었는데 이상하게도 아저씨의 마음은 알 수 있을 것도 같았다.

초등학교 5학년 딸아이는 피아노를 잘 친다. 집에 피아노가 없는데도 상을 많이 받았다. 어머니는 시장 앞길에서 과일을 파는데 딸아이의 교육비를 대기에는 조금 버거웠던 모양이다. 그래서 날마다 취해 있는 아저씨가 못마땅한 것이었다. 아이의 재능을 키워줘야 하는데 돈은 모자라고 그만두라고 하면 아이가 실망할 게 뻔했다. 그러던 어느 날 어머니와 아버지가 싸우는 소리를 딸아이가 듣게 되었다.

"피아노를 그만두고 공부에 전념했으면 좋겠는데……."

"무슨 소리야? 아이의 재능을 살려줘야지."

"그럼 어디 가서 돈을 벌어와야지, 날마다 술 퍼마시면 되겠소?"

"알겠소. 내가 돈을 벌어 오리다."

"이번 피아노 대회에서는 등수 밖으로 밀려났으면 좋겠는데……."

"아하, 아이가 들으면 어쩌려고?"

며칠 뒤 아이는 피아노 대회에 나갔다. 어머니는 딸아이가 등수 밖으로 밀려나기를 바랐는데 또 상을 받았다. 아버지는 아이를 칭찬하며 술을 마셨고 어머니는 한숨을 푹푹 쉬며 술을 마셨다. 그 광경을 본 딸아이는 눈물을 흘리며 피아노를 그만두겠다고 말했다. 어머니와 아버지는 딸을 바라보며 눈물을 글썽거렸다.

일요일 아침, 아저씨가 다짜고짜 나를 불러내더니 산에 가자는 것이었다. 남한산성에 오르니 가슴이 뻥 뚫렸다. 깊은 산 계곡물에 발 담그고 소주 마시니 아저씨는 금세 아이처럼 즐거워했다. 아저씨가 술을 마시는 까닭은 알코올중독 때문이기도 하지만 자학 때문이기도 하였다. 스스로 말하기를 자기는 시인이고 나이는 이백 살이라고 하였다. 시 한 수 읊어달라고 하니 지은 시가 너무 많아서 기억나는 시가 하나도 없다며 킬킬 웃었다. 그 모습이 어찌나 천진스러운지 나도 따라서 웃었다. 그제야 나는 아저씨가 시인이라는 걸 알았다.

"다음에 만날 때는 시 한 수 읊어주세요."

"그럼 술은 자네가 사야 하네."

나는 아저씨와 새끼손가락을 걸고 엄지손가락을 눌렀다. 시인들은 왜 가난해야 하고 왜 술을 마셔야 하는지 모르겠다. 아저씨는 바짝 마르고 왜소해 보였다. 딸아이의 꿈을 지켜주지 못한 죄책감으로 얼굴은 수심에 가득 차 있었다. 드디어 아저씨가 하고픈 말을 꺼냈다.

"우리 아이 피아노 사줘야 하는데, 버스 운전이라도 할까?"

내가 웃으면서 말했다.

"음주 운전 하면 안 되니 하지 마세요."

그랬더니 아저씨도 웃으면서 말했다.

"그건 그렇지. 그럼 내가 뭘 했으면 좋겠나?"

"술을 마시지 않고 일하는 곳이었으면 좋겠어요."

그러던 어느 날 정말 놀라운 일이 벌어졌다. 아저씨가 일자리를 얻게 된 것이다. 양복 입은 아저씨는 사뭇 다른 사람처럼 보였다. 아이가 학교에서 돌아올 시간에 아저씨는 출근했다. 출근할 때마다 아이한테 잘 다녀오겠다고 인사도 하고 아주머니 고함도 사라졌다. 아저씨는 출근길에 한 번, 퇴근길에 한 번, 우리 약방에 들려서 드링크제와 간장약을 사 먹었다. 퇴근은 거의 자정쯤 하는데 늘 우리 약방 마지막 손님이었다. 한번은 목욕탕에서 아저씨를 만났다. 아저씨는 날마다 목욕탕에 다닌다고 하였다. 딸아이가 피아노를 계속하려면 열심히 돈을 벌어야 한다는 얘기도 하였다. 하지만 아저씨의 상태가 별로 좋아 보이지 않았다. 그래서 그런지 출근할 땐 탱탱하던 얼굴이 퇴근할 땐 풀죽은 얼굴이 되었다. 하루는 어느 직장에 다니느냐고 물어보았더니 좋은 직장에 다닌다는 말만 하였다. 직업에 귀천이 없다고 하던데 정말 그런지는 나도 잘 모르겠다. 너희 아버지는 어떤 일을 하느냐? 너는 어떤 일을 하느냐? 그렇게 물어보는 어른들이 여전히 많은 세상이었다.

겨울이었다. 눈 내리는 밤, 즐거운 모습으로 눈사람을 만들고 있는 아저씨를 보았다. 뭐 하느냐고 물으니 내일 딸아이 생일인데 마침 눈이 내려서 눈사람을 만드는 거라고 하였다. 그 말을 들으니 나도 모르게 숙연해졌다. 딸아이가 5학년인데 눈사람을 좋아할까요? 하고 물으니 아버지가 사랑한다는 걸 보여줘야지, 하면서 킬킬 웃었다. 이튿날 아침, 아저씨가 만들어놓은 눈사람을 보았는데 나도 모르게 눈물이 고였다.

나는 살면서 아버지의 역할을 제대로 해본 적이 없다. 단 한 번도 아이들을 안아주지 않았으며 인형이나 장난감은 물론 신발이나 옷 하나 제대로 사준 적이 없다. 그래도 아이들이 크면 이해해주리라 생각했다. 하지만 내가 아직도 우리 아버지의 무뚝뚝함을 이해하지 못하듯 우리 아이들도 나의 무뚝뚝함을 이해하지 못한다. 그래서 아이들한테 두고두고 미안하다. 형식적인 사랑은 사랑이 아니라고 생각했지만 이제 와 생각하니 형식적인 사랑이라도 할걸 그랬나 싶다. 한편으론 부모가 아이들한테 형식적인 사랑을 하면 아이들도 부모한테 형식적인 사랑을 하지 않을까 걱정이 되기도 하였다. 어린이날 아이들한테 뭔가를 보여줘야 하는 부모들이 괜한 고생을 하는 것 같고 어버이날에 꽃을 달아주는 아이들도 괜한 고생을 하는 것 같아 차라리 그런 날이 없었으면 좋겠다는 생각도 해보았다. 평소에 아이들을 사랑하고 어버이를 섬기면 될 일인데 날을 정해놓고 사랑하라고 하니 무언가 억지스럽다는 느낌이 든다. 나는 슬픈 아버지도 못되고 그냥 엉터리 아버지일 뿐이다.

아저씨네가 다른 동네로 이사 갔다. 날마다 약방에 들려서 간장약과 드링크제를 사 먹었는데 오지 않으니 어떤 날은 아저씨가 보고 싶기도 하였다. 이사 갔으니 그 동네 약국을 이용하는 거겠지. 그러던 어느 날 서울 갈 일이 있었는데 버스에서 딸아이를 만났다. 피아노 수업받으러 간다는 것이었다.

"그래, 열심히 배워서 훌륭한 피아니스트가 되어라."
"다음 주에 서울에서 피아노 대회가 열려요."
"알았어. 시간 되면 가볼게. 그런데 아버지는 잘 계서?"
"요즘엔 몸이 안 좋아서 집에서 쉬고 계서요."
"아버지 보고 괜찮으면 한번 약방에 들르시라고 해라."

며칠 뒤, 생각지도 않게 딸아이 엄마한테서 전화가 왔다. 그날은 딸아이가 피아노 대회에 나가는 날이었다.
"안녕하세요? 성희 엄마예요."

"아하, 오늘 피아노 대회 한다고 했지요?"

갑자기 흐느끼는 소리가 들렸다.

"아주머니, 무슨 일이에요?"

아저씨가 돌아가셨다는 소리에 나는 그 자리에 주저앉았다. 개나리도 피고 진달래도 피었는데 아저씨가 세상을 떠난 것이다. 간암이었다. 밤늦게 장례식장에 갔다. 그날 딸아이는 아버지가 돌아가신 줄도 모르고 우수상을 받았다. 나는 해맑은 아저씨의 영정 사진을 보고 말했다.

"아저씨, 성희가 우수상을 받았네요."

눈물이 고였다. 아저씨는 그냥 아버지가 되고 싶었던 거였다. 조문객들 사이에서 들리는 소리! 아저씨의 직업은 술 상무였다.

그까짓 인형 없어도 좋아
아빠의 마음 나는 알아요
새벽꿈 옆에 서 있는 아빠
나는 알지요 아빠의 마음

저 푸른 하늘 푸른 하늘에
검은 구름이 생겨났어요
술 취한 아빠 우리 아빠가
오늘은 왠지 슬퍼 보여요

내일은 우리 집이 이사 간다
지금보다 작은 집으로 가지만
그래도 난 우리 아빠가 좋다
아빠 사랑해요

푸르른 들판 드높은 하늘
아빠랑 같이 뛰놀고 싶어
용감한 아빠 그리운 아빠
나는 알아요 아빠의 눈물

-「슬픈 우리 아빠」, 1990

길은 멀어도

인생은 얼마나 멀리 왔느냐가 아니고
얼마나 소중하게 걸었느냐예요

떠도는 별님에게

저도 그 시절엔 떠도는 별이었지요. 하루하루가 밀폐된 공간에 갇힌 느낌이었어요. 나가는 문도 보이지 않고 빛도 보이지 않았어요. 정말이지 보이는 게 보이지 않던 시절이었어요. 달려오는 차가 보이지 않고 거리의 가로수도 보이지 않고 심지어는 거울 속의 나도 보이지 않았어요. 지금 생각하면 창피한 일이지만 그때는 창피한 것도 모르고 졸업장 받으려고 학교에 다녔어요. 꿈도 없었어요. 꿈이 없으니 대학 갈 필요도 없는 거지요. 그러던 어느 날 탈출구가 있었으면 좋겠다고 생각했어요.

❖

끝없는 초원을 달리는 말은 행복할까요? 하지만 나무라도 띄엄띄엄 있어야 어느 정도 달렸는지 가늠할 수 있잖아요? 인생길에도 슬픔이라는 게 나무처럼 서 있어야 얼마나 걸어왔는지를 알 수 있을 거 아니에요. 물론 어떤 사람은 슬픔이 아닌 행복의 나무로 가늠하겠지만요. 저의 길은 나무 한 그루 보이지 않는 온통 어둠뿐이었어요. 그래서 저보다는 초원을 달리는 말이 훨씬 행복하다고 생각했지요. 그러던 어느 날 멀리서 빛이 새어 들어오는 게 보였어요. 그제야 제가 길을 잘못 들었다는 생각이 들었어요. '아하, 내가 굴속을 걷고 있었구나.' 저는 두 가지를 동시에 하지 못하는 병이 있었고 길에 꽂히면 계속 걸어야 하는 그런 병이 있었어요. 가다가 이 길이 아니라고 생각하면 되돌아가야 하는데 그걸 못하는 거예요. 제 인생길이 황량했던 건 슬픔을 보지 못하고 어둠만 보았기 때문이에요. 만약 어둠의 껍질을 벗겨내는 방법을 알았더라면 이렇게까지 허무한 인생을 살지 않았을 거예요. 떠도는 별님! 어둠은 마냥 컴컴한 게 아니에요. 어둠의 껍질을 벗겨보세요. 그 속에는 노래도 있고 기쁨도 있고 아침을 기다리는 엄청난 빛도 있답니다.

열아홉 살 되던 해, 꿈을 찾아 떠나겠다고 아버지한테 말했을 때 돌아온 대답은 "너는 어딜 가도 꿈을 찾지 못한다."였어요. 아버지 말이 맞았어요. 갈 곳도 모르면서 무슨 방랑자나 되는 것처럼 떠났으니 말입니다. 꿈을 찾아 떠난다는 말도 그래요. 그 말은 참 무책임한 말이에요. 떠난다고 꿈이 찾아지는 것도 아니고 방랑자가 되는 것도 아니에요. 그렇게 하면 누군가가 관심 가져주는 줄 알았지요. 그때 저는 슬픔을 사랑하는 나그네가 되고 싶었는데 지금 생각해보니 정말 겉멋이 심했다는 생각이 듭니다.

긴 어둠 끝에 만난 빛이어서 반가웠는데 그건 제가 반가워한 거지, 빛이 저를 반갑게 맞이해준 것은 아니었어요. 어둠 속을 빠져나왔다는 기쁨도 잠시, 빛 속에도 어둠이 있다는 걸 알게 되었어요. 벌건 대낮인데도 컴컴했으니 말입니다. 서쪽 바다 건너에서 어둠의 입자들이 바람을 타고 날아와 하늘을 덮었어요. 누런 모래가 날아왔다고들 하는데 저는 잘 모르겠어요. 건물에 붙어 있는 전자시계 불빛과 자동차 전조등 불빛이 거리를 밝히고 있었어요. 빛을 만나면 무얼 하겠다고 계획을 세워놔야 했는데 그냥 빛을 만나면 저절로 잘될 거라고만 생각했지요. 그게 큰 실수였어요. 세상 사는 이치를 그만큼 몰랐던 거지요. 빛 속에도 어둠이 있다는 걸 알았다면 이렇게까지 당황하지 않았을 거예요. 농사를 처음 짓는 사람은 결과만 생각할 뿐, 잡초가 있다는 것을 알지 못해요. 저는 빛 속에서 엄청난 잡초를 만났습니다. 생각해보면 어둠이 나쁜 것만은 아니에요. 터널은 돌아가는 길을 편히 가라고 만든 건데 저는 그걸 어둠으로만 해석한 거지요.

입영통지서를 받았습니다. 드디어 탈출구가 보이는 것 같아 바람도 쐴 겸 버스를 탔지요. 타고 보니 수유리 가는 버스였어요. 수유리에 누가 사는 것도 아니었어요. 그런데 갑자기 운전사가 제 뺨을 때리는 거예요. 뒷거울을 가렸다는 거예요. 그러고는 어린놈이 건방지게 색안경을 쓰고 다닌다고 뭐라 그러는 거예요. 바닥에 떨어진 안경을 집어 드니 안경이 심하게 다쳤어요. 사람들이 저를 쳐다보는데 저는 제가 잘못한 줄 알고 다음 정거장에서 내렸어요. 색안경을 쓰고 싶어서 아버지 것을 써본 건데……. 그래도 그렇지, 입영통지서를 받은 사람을 이렇게 때려도 되는 건지, 나는 그 운전사를 이해할 수 없었어요. 심하게 다친 안경에서 자꾸만 아버지 얼굴이 보였습니다. 저 때문에 아버지가 다쳤다고 생각하니 괜히 눈물이 고였습니다.

왜 하필 수유리인지? 이 낯선 거리에서 무얼 하려고? 해는 저물고 배는 고프고 갈 곳도 없고. 썰렁한 밤거리에 이따금 차들이 지나갔어요. 통행금지 시간에 달릴 수 있는 걸 보면 특별한 차가 분명했어요. 별 몇 개와 구름 속의 달 그리고 먼지로 얼룩진 가로등이 어둠을 밝히고 있었지요. 세상이 슬픔으로 되어 있다면 저는 지금 슬픔 속을 유영하는 거예요. 수영을 못하면 수영장 물을 먹게 되듯 낯선 슬픔 속을 유영하다 보니까 슬픔을 좀 많이 먹었어요. 하지만 인적 없는 거리를 혼자 걸으니 제 세상이라도 된 것처럼 기분은 좋았어요. 그때 길 건너편에서 호루라기 소리가 저를 향해 달려왔어요. 지난달에도 방범대원한테 잡혀 유치장 신세를 졌는데 또 잡힐 수는 없는 일이었어요. 저는 골목으로 피해 달아났어요. 골목에 기와집이 있었고 그 앞에 화물차 한 대가 서 있었어요. 저는 그 화물차 밑에 들어가 숨었지요. 호루라기 소리가 화물차 옆을 지나가는데 마치 제가 독립군이 되어 일본 순사에 쫓기는 것 같았어요. 호루라기 소리가 끊기자 저는 차 밑에서 기어 나왔어요. 기와집 대문 옆방에 불이 켜져 있었지요. 무심결에 창문을 들여다보는데 여학생이 공부하다가 나와 눈이 마주쳤어요. 그 순간 여학생이 놀라서 소리를 질렀어요. 저는 호루라기 소리가 저를 향해 달려올까 봐 다시 달렸어요. 그런데 구름하고 놀던 달은 왜 나를 쫓아오는지 모르겠어요. 길옆 건물에 문이 열려 있기에 저는 얼른 그 건물 안으로 몸을 피했지요. 복도에 있는 문을 열고 들어가니 기도하는 사람들이 눈에 들어왔어요. 저는 의자에 앉아 긴 숨을 쉬었어요. 그때 저만치서 기도하던 여자가 나를 바라보는 거예요. 저는 고개를 숙여 인사를 했지요. 그랬더니 그 여자도 저에게 고개를 숙여 인사를 했어요. 시간이 한참 지나서 그 여자가 자리에서 일어났어요. 저도 따라서 일어났는데 나들문 위에 걸려있는 시계가 4시 35분을 가리키고 있었어요. 나를 기다렸는지 그 여자가 따뜻한 보리차를 주면서 예수님을 만나러 왔느냐고 물었어요. 그래서 그냥 통행금지 때문에 들어왔다고 했지요. 교회 문을 나서는데 새벽이 꿈틀거리는 게 보였어요. 통행금지가 풀리니까 차도 많아지고 사람들도 많아졌어요. 그때 불현듯 뇌리를 스치고 지나가는 노래가 있었어요. 수첩을 꺼내 콩나물을 그리고 노래 이름을 '새벽 4시 35분'이라고 적었어요. 군대 가면서 이 노래 이름은 '길은 멀어도'로 바뀌었어요. 나를 찾으러 먼 길을 떠나야겠다고 생각했거든요. 52년 전에 이 노래를 만들었는데 이제야 발표하게 되었네요(2025년 5월 13일). 그런데 아직도 저는 나를 못 찾은 것 같아요.

군 신체검사를 받으려고 오랜만에 고향을 찾았는데 모두 변해버리고 아무도 없으니까 쓸쓸함이 닭살처럼 솟아났어요. 물속에 잠긴 마을도 아니고 엄연히 내 어릴 적 고향인데 아무것도 기억되는 게 없어요. 사라진 고향을 본 뒤, 며칠 동안 쓸쓸함에서 벗어나지 못했습니다. 지금 이 쓸쓸함도 먼 훗날에는 한 장의 슬픔으로 남겠지요. 이제는 슬픔이 내 인생의 그림자라는 생각이 들어요. 슬픔이 보이지 않는 날에는 괜히 불안해지기도 하고요. 그 옛날 동네 큰 나무에 기도드리던 어머니들은 큰 나무가 베어지고 나서 얼마나 불안했을까요? 그 심정을 알 수 있을 것 같아요.

처음으로 미팅이라는 걸 해봤어요. 그 무렵 저는 신촌에 있는 어느 대학에서 보컬 그룹 하는 동무들을 가르치고 있었는데, 미팅에 한 사람이 부족하다 하여 얼떨결에 나가게 된 거죠. 동무들과 미팅 장소에 가긴 했지만 난감했어요. 미팅을 어떻게 하는 줄도 몰랐고 만나서 무얼 해야 하는지도 몰랐지요. 짝이 된 여학생과 신촌에서 명동까지 걸었어요. 제가 머뭇거리자 여학생은 어느 주점에 저를 데리고 들어갔어요. 어정쩡한 저에게 그 여학생은 천사처럼 다정했어요. 무슨 노래 좋아하느냐고 물었고 무슨 과에 다니느냐고 물어보고 그랬지요. 다음 달에 군대 가는데 편지했으면 좋겠다는 말도 했지요. 끝까지 함께해준 그 여학생이 저의 슬픔이라는 생각이 들었어요. 해 질 무렵, 헤어져 집으로 가는데 배가 허전하여 연탄불에 구운 옥수수를 사 먹었어요. 옥수수를 먹으면서 오늘 만난 여학생을 생각했지요. 그런데 구운 옥수수는 얼마 가지 못하고 딱딱하게 굳었어요. 그래도 저는 끝까지 먹으면서 그 여학생을 생각했어요. 그 바람에 그날 밤 심하게 체해서 잠을 이루지 못하고 뒤척였어요. 시청각교육학과 1학년, 이름은 김 뭐라고 했는데 가물거리다가 잠이 들었어요.

혹시 꿈속에서 꿈 밖으로 나가보셨나요? 꿈속에서 머물

다 보면 꿈속의 하늘이 어느 정도 넓은지 알 수 없어요. 제가 아까 말했지요. 인생길에 뭔가 기억나는 게 있어야 어느 정도 왔는지 알 수 있는 거라고요. 그렇듯이 꿈 밖으로 나갔다 오면 꿈속이 어느 정도 넓은지 대충 가늠이 되겠지요. 기차 타고 지나가는 들판을 보면 어느 정도 넓은지 가늠하기가 어렵지요. 하지만 집이라도 한두 채 있으면 대충은 가능할 수 있어요. 저에게는 군대 가는 것이 꿈 밖으로 나가는 것이고 군대를 갔다 오면 내가 놀던 꿈속이 어떤 세상인지 알 수 있으리라 생각했지요.

드디어 훈련소로 떠나는 날이에요. 탈출구를 향해 간다고 생각하니 설레기까지 했어요. 아마 그때 제 몸에 슬픔이 잔뜩 묻어 있었나 봐요. '슬픔이여 안녕!' 저는 그렇게 한마디 말을 남기고 슬픔과 헤어졌어요. 그런데 슬픔은 제 몸에서 떨어지지 않았어요. 생각해보니 슬픔은 내 삶의 원동력이었고 나를 지켜주는 수호신이었어요. 1974년 가을, 저는 그렇게 슬픔을 온몸에 가득 묻히고 훈련소로 떠났습니다. 훈련소에 도착하니 조교들은 슬픔을 가득 묻히고 온 저를 못마땅하게 여겼어요. 저는 제 몸에 묻은 슬픔이 떨어져 나가도록 온갖 기합을 다 받았지요. 만약 그때 슬픔이 제 몸에 묻어 있지 않았더라면 버티기 힘들었을 거예요. 야간 훈련을 하는데 달이 따라왔어요. 옛날에 슬픔 속을 유영할 때 나를 쫓아왔던 달이에요. 내가 멈추자 달도 멈추었지요. 슬픔은 저 달처럼 그렇게 모른 척하면서 저를 지켜주었어요.

요즘은 오늘의 슬픔과 지난날의 슬픔 사이에 다리를 만들어 심심할 때 왔다 갔다 하면서 지냅니다. 이 얘기가 맞지 않을 수도 있지만, 어제의 슬픔과 오늘의 슬픔은 같은 빛깔이에요. 하늘빛! 제 삶의 바탕은 슬픔이고 세상의 바탕은 하늘이니까요. 앞으로도 저는 슬픔 없이는 살 수 없을 거예요. 별님! 길 없는 길은 없습니다. 다만 가지 않으면 길은 없는 겁니다. 그러니까 가면 길이 되는 거지요. 현실에 운명을 끄집어들여서도 안 되지만 운명에 현실을 꿰맞추는 것도 안 되지요. 마음속에서 우러나오는 샘물이 현실이고 운명이에요. 그 샘물을 무시하고 마시지 않으면 샘은 마를 것이고 불안한 인생길에 목마름은 심해질 거예요. 무기력한 어느 날 가슴이 답답하여 마음 샘을 찾아갔는데 샘은 마르고 그 자리에 낙엽이 가득했어요. 운명도 무시하고 현실도 무시하고 산 대가였지요.

길을 떠나려면 머뭇거리지 말고 떠나세요. 길을 떠난다

는 건 중요한 일이지만 자랑할 일은 아니에요. 자랑하려고 떠날 거면 떠나지 않는 게 낫습니다. 먼 길 간다고 방랑자가 되는 것도 아니지만 가다가 돌아온다고 해서 행복해지는 것도 아니에요. 저도 예전에 나를 찾아보겠다고 길을 떠난 적이 있어요. 하지만 방황을 젊음의 장식품이라고 생각하였으니 저도 남한테 자랑하려고 길을 떠난 겁니다. 왜 남한테 내 인생을 자랑하려고 합니까? 그래서 저는 망했습니다. 귀한 젊음을 허공 속에 날려 보냈으니까요. 어디로 갈 건지 그건 그리 중요하지 않아요. 인생은 얼마나 멀리 왔느냐가 아니고 얼마나 소중하게 걸었느냐예요. 길은 멀어도 인생은 하루입니다.

※

별님! 다음엔 고향 집으로 돌아갔다는 소식을 전해주세요. 고향 집은 아무리 불을 밝혀도 어두워요. 하지만 집 떠난 별님이 돌아오면 불 밝히지 않아도 훤할 테지요. 어머니는 가슴에 불을 켜고 자식이 그 불빛을 보고 돌아오기를 바라고 있어요. 방황의 종착역은 그리움입니다. 집 떠난 길보다 집으로 돌아가는 길이 더 멀어요. 어머니는 고향입니다!

오늘따라 저 하늘은 아무 말이 없네
지는 해를 바라보니 눈물이 고인다
푸른 하늘처럼 나도 살고 싶다
바람에 실려 가는 내 젊음이
서럽기만 하구나
이제 나는 떠나간다, 나를 찾아서
사랑하는 슬픔이여 부디 안녕히

어둠 속을 달려가는 기차 가는 소리
비에 젖은 새 한 마리 꿈을 찾아가누나
나도 날고 싶다 나도 날고 싶다
빗물만 먹고 사는 내 노래가
슬프기만 하구나
이제 나는 떠나간다, 나를 찾아서
사랑하는 슬픔이여 부디 안녕히

-「길은 멀어도」, 1973/2025

비 오는 날의 가단조

사랑은 꽃이 아니라 잡초다

 책장에 갇혀 있는 책들이 너무 불쌍하여 책들을 구해주기로 하였다. 빼곡히 서 있는 책들은 숨을 제대로 쉬지 못하고 그마저도 누워 있는 책들에 가려져 책 이름이 보이지 않았다. 누워 있는 책도 어디가 아픈 건지 마치 시름시름 앓고 있는 환자 같았다. 이 모든 게 책을 방치한 내 탓이었다. 그래 놓고는 이제 와 책을 구해줘야겠다고 하니 그 뻔뻔함이 가소롭다. 책을 책장에 가두어놓는 건 책을 학대하는 행위라고 생각했다. 그래도 저 책들이 나를 지켜주지 않았는가? 책을 배신하는 게 사람을 배신하는 것보다 더 나쁘다. 나는 그렇게 배신자가 되어 책장을 쳐다보았다. 꼭 필요한 책만 남기고 나머지 책들은 모두 꺼내 한 손으로 들 수 있을 정도로 포개 놓았다. 아무 잘못도 없는 책들을 죄인 취급하며 끈으로 묶고 있는 내가 제정신이 아닌 것 같았다. 책들은 아무 저항도 하지 않았다. 책장의 책들이 시들지 않는 종이꽃처럼 보이고 장식품처럼 보여서 그랬다고 쳐도 정당화될 수 없는 일이었다. 마음을 비우듯 책장의 먼지도 닦고 흐트러진 책도 다시 정돈해야 하는 건데…….

　재활용하는 날, 몇 덩어리 되는 책들을 신문 버리는 곳 옆에 버렸다. 책장에서 벗어났다고 좋아하는 책은 단 한 권도 없었다. 서글픈 표정으로 나를 쳐다보는 책들을 바라보며 그동안 고마웠다고 말했다. 내가 책을 버렸다고 생각하니 기가 막혔다. 그러면서도 한편으론 저 책들을 누군가가 가져갔으면 좋겠다고 생각했다. 그런데 그날 밤 예기치 않은 비가 내렸다. 비에 젖은 책을 생각하니 죄책감에 시달려 잠을 이룰 수가 없었다. 아침 일찍 일어나자마자 재활용장에 나가

보았다. 책들이 흐트러져 있었다. 다행히 누군가가 읽고 싶은 책들을 가져갔다. 하지만 나머지 책들은 폐지로 분류될 게 뻔했다. 비에 젖은 책들을 바라보면서 내가 아주 못된 성격을 가졌다고 생각했다.

날마다 뜨고 지는 해처럼 내 마음도 그랬으면 좋겠다. 날마다 피고 지는 꽃은 그 마음이 하늘이다. 날마다 새로운 사랑을 주려면 날마다 사랑을 버려야 할 테니. 변치 않는 사랑이 반드시 좋은 건 아니다. 자칫 종이꽃처럼 보이기 때문이다. 어떻게 보면 변치 않는 사랑보다 변하는 사랑이 나을지도 모른다. 변한다 해도 변하지 않았다고 믿어주는 마음이 있다면 말이다. 하늘을 보라. 흐린 날도 있고 맑은 날도 있고 구름이 많은 날도 있고 구름이 없는 날도 있다. 그런 하늘을 보고도 변함없는 하늘이라고 믿는 것, 바로 그런 게 사랑 아닌가. 내가 바라본 사랑이 변한다 해도 내 마음이 변하지 않으면 그 사랑은 지워지지 않는다. 집착은 매달리는 것, 사랑에 매달리면 그 사랑은 얼마나 힘들겠는가. 화초는 물을 주지 않아도 시들지만 물을 너무 많이 주어도 시든다. 사랑하는 사람을 오래도록 지니고 싶다면 날마다 사랑하는 마음을 버려야 한다. 사람들은 사랑을 꽃이라고 생각해서 버리지 못하는 것이다. 사랑은 꽃이 아니라 잡초다. 사랑이 웃자라면 마음을 덮는다. 사랑을 날마다 버려야 하는 이유다. 버린다는 건 새잎을 보겠다는 것이다. 날마다 사랑을 버리면 날마다 새잎 돋아난 사랑을 볼 수 있나니…….

독립문역에서 술벗과 약속이 있어서 나가려고 하는데 아내가 우산을 갖고 가라고 한다. 하늘을 보니 곧 비가 올 것만 같다. 창고에서 오래된 낡은 우산을 집어 들었다. 추억이 되지 못한 추억들이 추억 창고 앞에서 널브러져 있는 것을 보면 가슴이 시리곤 했는데 이 우산도 그런 것 가운데 하나였다.

오래전 일이다. 제대하고 방황하던 시절, 어떤 모임에서 여자 동무를 알게 되었는데 사람이 그렇게 포근할 수가 없었다. 첫 만남 기념으로 서로 책을 사서 주고받았다. 피아노를 전공한다기에 음악 얘기를 많이 나누었다. 그녀는 '비지스'를 좋아한다고 했고 나는 '피터 폴 앤드 메리'를 좋아한다고 하였다.

"비 오는 날에는 베토벤 비창 2악장을 들으면서 술을 마셔요."

그녀가 빙긋 웃으면서 나를 넌지시 바라보았다.

"무슨 사연이라도……."

"그거 들으면 괜히 눈물이 나요."

그날 헤어지고 나서 며칠간 잠을 이루지 못했다. 하지만 그녀를 처음 본 순간 이루어질 수 없는 사랑임을 알았다. 그러던 어느 날 그녀한테서 연락이 왔다. 성남에 일이 있어서 왔다가 전화하는 거라고 했다. 나는 너무 기뻤다. 전화기를 내려놓자마자 그녀를 만나러 갔다. 정말이지 그녀가 나에게 전화하리라고는 꿈에도 몰랐다. 그렇지 않아도 보고 싶었는데 만날 명분이 없었던 터였다. 세상에 이렇게 포근한 사람이 있을까? 약방 일 때문에 오래 못 있고 그녀를 보냈다. 다행히 몇 개월 뒤 그녀의 생일이라는 걸 알았다. 다시 만날 수 있다는 명분이 생긴 것이다. 선물을 고민하다가 그녀를 생각하며 만든 노래 악보와 함께 집 마당에 피어 있는 모란꽃을 조그만 액자에 넣어서 주기로 하였다.

드디어 그녀의 생일! 나는 포근한 그녀의 모습을 떠올리며 잠실 사는 그녀의 집을 찾아가 초인종을 눌렀다. 그런데 문을 열고 고개를 내민 사람은 무섭게 생긴 그녀의 어머니였다. 머뭇거리는데 마침 그녀가 어머니 뒤에서 나타났다. 긴장된 마음으로 그녀의 집으로 들어갔다. 커피를 마시면서 그녀에게 주려고 가져온 선물을 내밀었다. 그녀의 어머니가 나에게 어느 대학 다니냐고 물었다. 나는 대학을 다니지 않는다고 말했다. 그러자 어머니는 고개를 천천히 끄떡이며 놀라는 표정을 지었다. 시간이 조금 흐른 뒤, 어머니가 그녀의 팔을 잡고 방으로 들어갔다. 너는 왜 저런 아이하고 노느냐는 말이 방 안에서 새어 나왔다. 방 안에서 나온 그녀가 살짝 웃는 표정을 지으며 소파에 앉더니 조심스레 선물 포장지를 벗겼다. 액자를 보자 그녀의 눈이 동그랗게 커졌다. 나는 흐뭇한 표정을 지으며 힐끗 액자를 보았다. 그런데 이게 어찌 된 일인가? 내 눈도 동그랗게 커졌다. 어제는 분명히 예쁜 모란꽃 액자였는데 하얀 곰팡이가 잔뜩 낀 액자로 변한 것이었다. 얼굴이 붉게 달아오른 나는 창피해서 얼른 곰팡이 액자를 가져와 미안하다고 말했다. 꽃은 잘 말려서 액자에 넣어야 하는데 나는 그런 걸 우습게 생각하고 살아 있는 꽃을 꺾어 그대로 액자에 넣은 것이다.

    자리에서 일어났다. 밖에서는 비가 쏟아지고 있었다. 그녀가 뒤쫓아와 우산을 건넸다. 몇 발자국 걷다가 고개를 돌려 그녀가 집에 들어가는 모습을 보았다. 그것이 마지막이었다. 우산을 펴고 싶었지만 그러면 우산 속에서 그녀의 웃음소리가 쏟아질 것 같아 그냥 비를 맞고 걸었다. 그녀의 어머니가 방 안에서 하던 말이 떠오르자 그냥 꿀꺽 삼켰다. 그녀의 어머니가 한 말은 맞는 말인데도 괜히 서글펐다. 곰팡이는 왜 하필 그때 등장해서 나를 창피하게 만들었는지 모르겠다. 쓰레기통에 곰팡이가 낀 액자와 악보를 버리고 다시 빗속을 걸었다. 갑자기 악보 생각이 났다. '악보는 주고 올걸!' 나는 얼른 되돌아가 쓰레기통에 버려진 악보를 집었다. 하지만 이미 빗물에 번져 알아볼 수 없는 악보가 되어 있었다. 지나가는 사람들이 터덜터덜 비를 맞고 걸어가는 내 모습을 힐끗힐끗 쳐다보았다. 내 마음도 빗물에 번진 악보처럼 뭉개져 있었다.

독립문역 부근에서 동무와 한잔하고 헤어졌다. 정발산역에 내려서 출구를 나오는데 빗소리가 들렸다. 그제야 식당에 우산을 두고 왔다는 생각이 들었다. 나는 다시 내려가 전철을 타고 40분 정도 걸리는 독립문역으로 향했다. 식당에 들어가 우산을 찾으니 종업원이 나를 알아보고는 우산을 갖다 주었다. 그때 그 우산이 얼마나 반가웠던지 하마터면 눈물이 다 날 뻔했다. 그냥 잃어버려도 되는 낡은 우산이었다. 하지만 그렇게 잃어버릴 수는 없었다. 이사 가는 날도 꼭 챙겼던 우산이었다. 비록 추억 창고에는 들어가지 못했지만 그래도 비 오는 날이면 곰팡이 모란꽃이 떠오르니 이걸 어쩐란 말이냐. 나를 따뜻하게 대해주었던 포근한 동무는 잘 살고 있겠지?

 며칠 뒤, 재활용하는 날이었다. 우산을 잃어버리는 것보다 내 손으로 버리는 게 더 나을 것 같았다. 마지막으로 우산을 펴보았다. 우산 속에서 그녀의 웃음소리와 함께 청순했던 비가 쏟아져 내렸다. 안녕! 그녀는 웃으면서 떠났다. 우산을 접으니 웃음소리도 빗줄기도 멈췄다. 마침내 나는 아끼고 아꼈던 그 추억의 낡은 우산을 버렸다. 추억 창고에 사랑을 넣어두려면 사랑이 되지 못한 추억은 버려야 한다.

 슬픈 비, 즐거운 비가 있지만 나는 슬픈 비를 많이 맞고 자랐다. 그래서인지 나중에는 슬픈 비가 즐거운 비가 되었다. 외로움이 피어날 땐 슬프지만 외로움과 한마음이 되면 즐겁지 않던가? 추운 겨울날 아무것도 하지 않으면 더 춥고, 더운 여름날 아무것도 하지 않으면 더 덥다. 그런 것처럼 사랑을 바라보고 아무것도 할 수 없으니 괴로웠다. 생각해보면 지난날 그녀는 내가 읽고 싶은 책이었고 그녀에게 나는 버려지는 책이었다. 우연히 책장을 보는데 갑자기 내 얼굴이 굳어졌다. 그녀가 나한테 선물한 책이 보이지 않는 것이었다. 우산은 내 손으로 버렸는데 책은 스스로 떠난 것 같았다. 갑자기 후드득 소리가 나더니 쏴 하고 비가 내렸다. 굵은 눈물이 창문을 두드리며 흘러내리고 있었다. 마치 추억이 되지 못한 추억이 자기도 추억이라면서 창문을 두드리는 것 같았다. 나는 조용히 오디오 전원을 켰다. 베토벤 CD를 올려놓고 볼륨을 높였다. 피아노 소나타 8번 2악장!

흘러가는 빗물 위에
사랑 하나 흘러간다
내 사랑이 나를 두고 흘러서 간다
햇빛 찾아 햇빛 찾아 흘러간다

가자 가자 이젠 가자
잊자 잊자 아주 잊자
햇빛이여 햇빛이여 비추어다오
비에 젖은 내 사랑이 춥지 않게

-「비 오는 날의 가단조」, 1980/1987

껍데기 세상

어둠을 보지 말고
어둠의 빛깔을 보라

사람도 쓰레기가 되는 세상이다. 사람들은 쓰레기가 되지 않으려고 껍데기를 뒤집어쓰고 다닌다. 껍데기 살 돈이 없는 사람들은 이리저리 피해 다닌다. 나는 사회 구성원은 아니었지만 적어도 쓰레기는 아니라고 굳게 믿었다. 막다른 골목길에서 무서운 여자들을 만났다. 뒤돌아 어둠 속을 달렸다. 그러다가 깡패들을 만났다. 이유 없이 두들겨 맞고 눈을 떠보니 쓰레기 버리는 곳이었다. 화가 났다. 내가 쓰레기가 되다니? 손을 뻗었지만 아무도 내 손을 잡아주지 않았다. 겨우겨우 일어나 길을 걸었다. 사람들이 비틀대는 나를 보더니 피한다. 이내 알았다. 내 몸에서 쓰레기 냄새가 난다는 것을. 서글펐다. 아무 잘못도 저지르지 않았는데 내가 왜 쓰레기 취급받아야 하는지. 흐릿해진 눈 속으로 아는 사람이 들어왔다. 나 혼자 몰래 사랑하는 사람이었다. 골목으로 들어가는 그녀를 부르고 싶었지만 이름을 몰랐다. 그녀는 깊은 물 속에서 사는 사람 같았다.

얕은 물에 사는 물고기는 함부로 행복을 얘기해선 안 된다. 햇빛이 닿지 않는 깊은 물에서는 살아보지 못했으니까. 그렇다고 깊은 물에 사는 물고기가 불행하다는 뜻은 아니다. 깊은 물에 사는 물고기는 얕은 물에 올라가면 눈이 부셔서 살지 못할 게고 얕은 물에 사는 물고기는 깊은 물에 내려가면 어두워서 살지 못할 게다. 얕은 물에 사는 물고기의 보호막은 빛이고 깊은 물에 사는 물고기의 보호막은 어둠이다. 그러니 빛 속에 사는 물고기가 어둠 속에 사는 물고기보다 행복하다 할 수 없으며 어둠 속에 사는 물고기가 빛 속에 사는 물고기보다 불행하다 할 수 없다. 빛 껍데기만 보지 말고 빛 속의 어둠을 보라! 어둠 껍데기만 보지 말고 어둠의 빛깔을 보라! 우리네 인생은 그냥 겉으로 드러난 빛과 어둠만 본다. 빛과 어둠의 싸움이 끝나지 않는 까닭이다.

물 위에서는 다정해 보였는데 막상 물 깊은 곳에서는 다정함이 보이지 않는다. 어두워서 그런가? 아니다. 속 다정함은 어둠 속에서도 잘 보이지만 겉 다정함은 빛 속에서만 보인다. 합창할 때 자기도 모르게 큰 소리로 부를 때가 있다. 가슴으로 부르지 않고 목으로 불렀기 때문이다. 사랑하는 사람은 서로 다른 음을 내더라도 화음을 이룬다. 같은 곳을 바라본다고 사랑은 아니다. 서로 다른 곳을 보더라도 같은 생각을 한다면 그건 말하지 않아도 사랑이다.

다정한 사람끼리는 마음과 마음을 이어주는 다리가 있어 언제든지 왔다 갔다 하며 서로의 마음을 들여다볼 수 있다. 어떤 다정한 동무들이 사막으로 여행을 떠났다. 하루, 이틀, 사흘 지나간 얘기하면서 즐거워했는데 일주일이 지나자 우정 어린 다리가 출렁거렸다. 한 사람은 자기 잘못을 사과했고, 한 사람은 사과하는 동무를 야단치듯 목소리를 높였고, 한 사람은 중립을 지킨답시고 입을 다물고 있었다. 좋았던 여행 분위기는 금이 갔고 며칠이 지나자 우정 어린 다리는 무너지고 말았다. 오랜 세월 동안 아무 일도 없었던 다리였는데 보이지 않는 앙금이 남아 있었던지 여행 가서 무너진 것이다. 다리가 마음속까지 연결된 줄 알았는데 알고 보니 마음 바깥, 그러니까 마음을 감싸고 있는 껍데기까지만 연결된 것이었다. 예전엔 몰랐던, 전혀 생각지도 않은 장면을 여행 가서 보게 된 것이다. 그렇다면 여태까지 속마음으로 지낸 게 아니라 겉마음으로 지냈단 말인가? 세 명의 동무들은 너나 할 것 없이 하늘만 쳐다보았고 우정의 다리가 무너진 것에 대해서는 아무 말도 하지 않았다.

    사랑했던 사람들이 헤어지는 건 싸움 때문이 아니라 뭔가 속았다고 생각하기 때문이다. 이번 일로 사람들 마음에는 껍데기가 있다는 게 드러났다. 그리고 껍데기가 마음을 보호한다는 것도 알게 되었다. 열 길 물속은 알아도 한 길 사람 속은 모른다는 말이 왜 생겨났는지 알 것 같았다. 우정에 상처가 생기니 세 명 모두 마음이 아프고 쓰렸다. 우정의 다리를 다시 만들 수 없다는 슬픔! 늘 푸르던 마음들이 하루아침에 사막으로 변했다는 슬픔! 정말 아무것도 아닌 일인데 생각하면 할수록 안타까울 뿐이었다. 그러려고 여행을 떠난 게 아닌데……. 떠날 때는 웃는 얼굴, 돌아올 때는 굳은 얼굴. 여행은 썰물이다!

싸운다고 해서 헤어지는 것은 아니다. 다시 안 볼 것처럼 해도 화해하고 예전처럼 돌아가기도 한다. 오히려 아무것도 아닌 일로 헤어지는 경우가 많다. "우리 인연은 여기까지네." 마음 깊이 사랑하지 않고 겉으로만 사랑하였기에 인연의 끝을 보는 것이다. 인연은 마음과 마음을 이어주는 끈이다. 친한 사이일수록 존경심을 잃지 말아야 한다. 그렇지 않으면 끈이 느슨해져 탄력을 잃게 된다. 한번 느슨해진 끈은 탄력을 되찾기가 아주 힘들다. 인연이 다했다는 건 끈이 떨어졌다는 거다. 끈이 떨어지는 경우는 두 가지다. 양쪽 끈이 속마음에서 겉마음으로 이어졌거나 겉마음에서 겉마음으로 이어졌을 때이다. 속마음에서 속마음으로 이어진 끈은 잘 떨어지지 않는다.

아무리 좋은 인연도 헤어질 때는 씁쓸한 법이다. 행복과 불행을 따로 떨어트리고 보면 상반된 말이 되지만 붙여놓고 보면 같은 말이 된다. 행복의 다른 말은 불행이고 불행의 다른 말은 행복이라는 거다. 사람이 헤어지는 건 처음 만날 때 좋음만 보고 안 좋음은 보지 않았기 때문이다. 만약 안 좋음도 받아들였다면 쉽게 헤어지는 일은 없었을 것이다. 불행이 싫어서 행복을 선택했는데 행복에 불행이 붙어 있는 줄 어찌 알 수 있겠나? 그리하여 껍데기가 필요한 세상이 되었나? 그럴 바에는 감춤보다 드러냄이 옳다.

해가 지면 가로등이 켜지고 그야말로 잠자는 시간을 빼면 거의 빛 속에서 하루를 보내는 것이 우리네 인생이다. 전기가 나가기라도 하면 랜턴을 찾고 초를 찾고 그런다. 그만큼 우리는 어둠에 익숙하지 않은 세상에 살고 있다. 만약에 빛과 어둠 가운데 하나를 선택하라면 그리고 슬픔과 기쁨 가운데 하나를 선택하라면 대부분 빛과 기쁨을 선택할 것이다. 어둠 속에는 악마가 살고 빛 속에는 천사가 산다는 말이 있는데 누가 그런 말을 했는지 모르겠다. 어느 날 나는 어둠 속에서 피어나는 꽃을 보았고 슬픔 속에서 피어나는 꽃을 보았다. 어둠 속에서 피어나는 꽃은 빛이었고 슬픔 속에서 피어나는 꽃은 기쁨이었다. 그것을 알고 난 뒤부터 어둠과 슬픔은 내 인생의 바탕이 되었다. 하지만 세상은 여전히 빛과 기쁨으로 가득하다. 사과 껍질 벗기면 하얀 속살 보이듯 사람도 누구나 자기 속살이 있다. 그런데 자기 속살은 보여주지 않고 껍데기만 보여주려고 한다.

다정한 친절도 지나치면 음흉한 친절로 둔갑한다. 지나침은 모자람보다 못한 건데 그건 친절도 마찬가지다. 여행을 떠나는 딸아이에게 지나치게 친절한 사람을 조심하라고 일러주었다. 나는 우정 어린 동무에게 두 번씩이나 사기를 당하고 또 다른 사람에게도 사기를 당했다. 그때 생긴 마음의 상처가 아직 아물지 않아 지금도 사람 만나는 것이 두렵다. 사람들은 사기를 친 사람보다 사기를 당한 나에게 손가락질하였다. 마음을 쉽게 열지 말고 쉽게 믿지 말라는 조언을 듣지 않았다는 것이다. 그렇다고 사람살이에서 어떻게 사람을 믿지 않고 살겠는가. 수박 고를 때 껍질을 두들겨보던데 사람은 어디를 두들겨봐야 하나?

꿈을 이뤄 명예와 부를 얻으니 인생의 꽃을 피운 거나 마찬가지다. 하지만 그 꽃을 가꾸지 아니하면 시드는 건 잠깐, 이룬 꿈을 오래도록 간직하려면 걸어온 길을 계속 걸어가야 한다. 껍데기에 의존하면 알맹이는 썩는 법. 자칫 발을 잘못 디디면 벼랑으로 떨어질 수도 있으니 다른 길이 보이거들랑 아예 쳐다보지 마라. 이룬 꿈에 기대는 건 꿈을 지치게 하는 것, 기대지 말고 내리막길은 조심하시길.

    요리사가 대접받지 못하던 시절, 온갖 수모를 참아가며 고생 끝에 요리사로 성공한 사람이 있다. 요리사가 대접받게 되자 그걸 본 요즘 아이들은 자기도 훌륭한 요리사가 되겠다고 서둘러 길을 나선다. 간절함인지 유행을 좇는 것인지 냉정하게 생각해봐야 할 일이다. 요리사로 대접받으려면 적어도 20년은 족히 지나야 할 것 같은데, 그마저도 될까 말까 하는데 막상 20년 뒤에는 또 어떤 게 유행할지는 알 수 없다. 자칫 유행을 잘못 따르다가는 교복 인생으로 끝날지도 모른다. 교복이 싫어서 최신 유행 옷을 입고 다녔는데 나중에 보니까 너도나도 최신 유행 옷을 입고 다니더란 말이지. 산에 가서 보면, 너도나도 브랜드 옷을 입고 있다. 마치 자기 소속을 알리는 것처럼. 꿈은 유행을 타지 않는다. 하늘에서 부여받은 재능이 무엇인지 알아 그 일에 충실하면 멋진 인생이 될 터인데 하늘에서 부여받은 재능이 무엇인지 알지 못해 어려운 인생을 산다.

    어느 날 이 나라를 말없이 지켜온 가리왕산의 나무들이

베어지고 산이 파헤쳐졌다. 범인을 찾아내려는 언론 매체는 한 군데도 없었고 오히려 나라의 껍데기를 튼튼히 하려면 올림픽은 필수라는 입장을 내세웠다. 과연 세상 사람들은 한국을 선진국이라고 생각했을까? 아마도 그리 생각하는 나라는 별로 없었을 것이다. 집에 손님이 오면 청소를 깨끗이 하고 대접 잘하면 되는데 굳이 낡은 식탁을 바꾸고 냉장고도 바꾸고 소파도 바꾸고 해서 손님을 맞이할 필요가 있겠느냐 말이다. 도대체 우리나라를 보호하는 껍데기는 무엇인가?

나의 껍데기는 슈만의 '트로이메라이'다. 슬프고 외로운 일이 닥치면 소리 없이 찾아와 나를 지켜준다. 껍데기란 그런 것이다. 나를 보호해주는 따뜻한 울타리! 원래 껍데기라는 말은 껍질이라는 말과 함께 좋은 느낌을 지닌 말이다. 그런데 언제부턴가 알맹이가 없다는 뜻으로 변질이 되었다. 속이 비어 있고 껍데기만 남은 걸 빈껍데기라고 하는데 이제는 그냥 껍데기라고만 해도 빈껍데기로 알아듣는다. 그런데 이상하게도 그런 껍데기가 대우받는 세상이 되었다. 그리되다 보니 너도나도 껍데기에 치중하고 알맹이를 소홀히 여기게 되었다. 껍데기라는 것이 알맹이를 보호하다 보면 더러워질 수도 있는 건데 그 사정은 알려고도 하지 않고 깨끗한 것만 찾는다. 실제로 껍데기가 화려해야 사회의 구성원이 될 수 있다고 생각하는 사람들이 많아졌다. 못생긴 과일도 맛있는데 잘생긴 과일만 진열대에 오른다. 많은 선서문이 있지만 그걸 실천하는 사람은 별로 없다. 선서문이 자기를 보호해주는 껍데기라고 생각할 뿐이다.

정말 무서운 사람은 바로 사람의 탈을 쓴 사람이다. 그래서 나는 먼저 친절한 사람을 조심하고 눈물을 쉽게 보이는 사람을 조심하고 있다. 그들에게 가슴을 찔려본 적이 있기 때문이다. 그렇다고 그런 사람들이 모두 다 그렇다고는 할 수 없지만 한번 찔려보니까 저절로 조심하게 되었다. 지난 날, 막다른 골목길에서 만난 무서운 여자들은 적어도 껍데기는 걸치지 않았다. 무섭지만 다정한 사람들이었다. 사람과 사람 사이에 사람으로 남아주어서 나는 그 무서운 여자들을 존경한다. 언젠가는 탈출구가 되어줄 사람들이다.

시골에서 교장 하는 벗이 있는데 하루는 나에게 노래 이야기 원고를 부탁했다. 글 쓰는 건 나의 영역이 아니라고 하자 그냥 아무 부담 없이 써달라는 것이었다. 하지만 노래 이야기를 쓰다 보면 내 민낯이 고스란히 드러날 것이 뻔했다.

그래서 하지 않기로 했는데 결국 벗의 눈웃음에 말려들어 글을 쓰기로 하였다. 그런데 막상 긴 글을 쓰려고 하니까 여간 힘든 게 아니었다. 한 달 내내 원고를 쓰다 보니 한 달 내내 숙제하는 기분이 들었다. 달마다 나오는 그 책을 아이들도 볼 수 있다고 생각하면 허투루 쓸 일도 아니었다. 그동안 책을 받아보면서 겉봉에는 신경을 쓰지 않았는데 어느 날 우연히 겉봉을 보다가 내 이름 옆에 '영혼이 맑은 사람'이라는 수식어를 보고는 깜짝 놀랐다. 내가 영혼이 맑은 사람이라니? 나는 당황하여 이 일을 어쩌나, 하고 깊은 고민에 빠졌다. 벗은 나에게 엄청난 껍데기를 씌워준 것이다. 일이 이렇게 됐으니 나는 꼼짝없이 영혼이 맑은 사람으로 살아야 하는 것이었다. 그래서 바로 담당자에게 전화를 걸었다. 나는 그런 사람이 아니니 그런 수식어를 쓰지 말아달라. 그런데 다음 달에 또 그 수식어가 붙어서 왔다. 다시 전화를 걸어 영혼이 맑은 사람으로 살기가 무척 힘들다고 했더니 웃으면서 다음엔 꼭 빼겠다고 말했다. 그런데 다음 달에 또 그 수식어가 붙어서 왔다. 나는 정말 영혼이 맑은 사람이 되기 싫었고 그렇게 살기도 싫었다. 그래서 다달이 쓰는 글을 그만둘까 하는 생각도 했다. 산 다니며 편안하게 살자는 게 나의 일상인데 영혼이 맑은 사람으로 살라니 얼마나 힘들겠는가. 그러던 어느 날 벗으로부터 연락이 왔다. 아이들이 연극을 하니 와서 봐 달라는 것이었다. 학교에 도착하니 마침 도서관에서 학부모들이 모여서 책을 봉투에 넣는 일을 하고 있었다. 나도 앉아서 그 일을 도왔다. 그러다가 우연히 놀라운 것을 발견했다. 겉봉에 적힌 이름마다 수식어가 붙어 있었는데 죄다 '영혼이 맑은 사람'이었다. 나는 뒤통수를 맞은 사람처럼 잠깐 정신을 잃었다. 나만 영혼이 맑은 사람인 줄 알았더니 책을 받아보는 사람들 모두가 영혼이 맑은 사람들이었다. 그러면 그렇지, 나 혼자 영혼이 맑은 사람이 되어서는 아니 되는 거지. 그래도 이런 껍데기는 얼마나 귀여운가?

🎵

사랑한다 말하지 마라
무엇이 사랑이던가
사랑의 껍질 그 속에서
사랑이 울고 있네
꿈이었다 말하지 마라
무엇이 꿈이었던가
꿈길에서 헤매고 있는
꿈들이 울고 있네

한 줄기 햇살을 찾아
샘물 같은 노래를 찾아
유혹의 술 한 잔을 뿌리치고
어둠 속을 달려왔지만
비겁하다 말하지 마라
무엇이 비겁이던가
어둠의 껍질 그 속에서
어둠이 울고 있네

막다른 골목길에서
피멍들은 세월 속에서

몸부림치던 내 사랑마저

쓰레기가 되어버렸네

더럽다고 비웃지 마라

무엇이 더러움인가

사람의 껍질 그 속에서

사람이 울고 있네

어둠의 껍질 그 속에서

어둠이 울고 있네

-「껍데기 세상」, 1994

새나알뫼

미움은
부화하지 않은 사랑이다

따사로운 햇살이 얼굴에 닿으면 내 마음은 넓은 들판이 되고 바람에 실려 오는 풀 내음은 메마른 나의 영혼을 적신다. 나는 그럴 때마다 세상에서 가장 평화로운 사람인 양 하늘을 향해 고마움을 전한다. 하지만 햇살은 그리 오래 머물지 않는다. 넓은 들판은 어두워지고 꽃 내음 가득한 영혼은 잡초에 덮인다. 미움을 사랑하자고 다짐해보지만 그게 잘 안 된다. 미움과 사랑! 서로 사이가 좋아야 할 텐데, 꽃도 살고 잡초도 사는 방법은 없을까?

사람들 마음엔 미움이 살고 있지. 딸아! 너만 그런 것이 아니다. 너의 인생 영화에 아름다운 장면이 많아야지, 미움으로 가득한 장면이 많아서야 쓰겠느냐? 미움은 아직 부화하지 않은 사랑이다. 그러니 미움을 차갑게 대하지 말고 따뜻하게 품어주어라. 살다 보면 그 미움이 사랑으로 부화하여 너를 인도하게 될지도 모른다. 그때 가서 미움에 미안하다 하지 말고 하루하루 조금씩 미움에 다가가보아라. 도저히 못하겠다고 한다면 그냥 서 있는 자리에서 바라보기만이라도 해보아라. 하긴 사랑하기도 힘든데 미움을 바라보는 건 더 힘든 일이겠지. 언젠가는 알게 될 거다. 미움은 사랑의 다른 모습이라는 것을. 지금 나도 실천하지 못하는 얘기를 너한테 하고 있구나.

큰딸아이가 자그마한 어항을 가져왔다. 어항 속에는 아주 작은 물고기 네 마리가 있었다. 시어머니가 손녀를 위해서 어항을 선물했는데 아이가 물고기를 좋아하지 않자 우리 집까지 오게 된 것이었다. 나는 딸아이가 시키는 대로 하루에 한 번 먹이를 주고 일주일에 한 번 물을 갈아주었다. 먹이를 줄 때마다 모여드는 고기를 보면 생명이라는 게 참 고귀하다는 생각이 든다. 그런데 한 달이 못 되어 물고기 한 마리가 죽었다. 그리고 며칠 뒤에 또 한 마리가 죽었다. 왜 죽었을까 생각해보았는데 그 까닭을 알 수가 없었다. 하루도 먹이를 거른 일이 없었는데 어이 된 일일까? 보름 뒤 남은 두 마리마저 죽었다. 도대체 무엇이 저 물고기들을 죽게 한 것일까? 아무리 생각해봐도 원인을 찾을 수 없었다. 그러던 어느 날 물고기를 죽게 한 범인을 찾았다. 기계적으로 먹이를 주었을 뿐 마음에서 우러나오는 사랑이 없었기 때문이다. 내 아이들을 그렇게 키웠다고 생각하니 속상하고 후회되고 눈물이 난다.

　나한테 해를 끼친 사람을 용서하거나 이해한다는 건 생각보다 쉽지 않다. 용서해주면 마음에 박힌 미움이 사라지는 듯해도 썰물에 드러나는 돌덩이처럼 다시 얼굴을 내민다. 진심으로 용서하지 않고 용서 뒤에 숨어서 미움을 바라보았기 때문이다. 어느 날 나에게 해를 끼쳤던 그 사람이 저세상으로 갔다는 소식이 들려왔다. 나는 내 발을 따라 문상갔다.

살아생전에 용서해주었더라면 내 마음도 편했을 테고 그 사람도 편히 갔을 터인데 이제 와 천백번 용서해준들 무슨 소용이 있겠는가. 미움 속에서 사랑이 피어나는 것을 함께 봤어야 하는 건데……. 실천하지 않는 사랑에서 비린내가 나는구나.

  어릴 때 쓴 글과 지금 쓰고 있는 글을 비교해보면 생각의 차이가 별로 없다. 그렇다면 생각이 자라지 않고 그대로 있었다는 얘기로군. 한편으론 자폐라는 울타리에서 벗어나지 못하는 내가 애처롭다는 생각이 들기도 한다. 어릴 때 쓴 일기장이 창피하여 쓰레기통에 버린 적이 있었다. 그런데 그놈이 사라지지 않고 뒤쫓아와 걸핏하면 나를 부끄럽게 만든다. 이제 와 생각하면 일기장이 창피한 것이 아니라 그걸 쓰레기통에 버린 내가 창피한 것이었다. 그 일기장은 사랑의 씨앗이 가득 담긴 보물이었는데 그때는 그걸 몰랐었다. 만약 그 일기장을 버리지 않았다면 지금쯤 나는 사랑이 가득한 사람이 되었을 것이다. 지난날의 미움이 뒷날 그리운 사랑이 될 줄 어찌 알았겠는가. 그 일기장이 그리워서 남몰래 기억 속을 뒤졌지만 끝내 찾지 못하였다. 아무리 맘에 들지 않는 사진이라도 함부로 찢지 마라. 언젠가는 찢은 사진 속의 그 사람이 그리울 때가 있을 테니.

또 한 해가 저문다. 뒤돌아보니 목적도 없이 걸어왔다. 다시는 돌아갈 수 없는 나날들, 나는 왜 아직도 하루하루를 사랑하지 못할까. 새해의 다짐이 얼마 가지 못하고 흐지부지 되는 건 진지함이 없기 때문이다. 날마다 새날을 맞이하면 한 해를 보내는 명분도 있고 새해맞이 할 명분도 있는 건데 새해 해돋이 한 번 본 걸 가지고 일 년을 지낼 생각이었으니 참 양심도 없지. 사람이 백 년 살면 새해맞이를 백 번을 할 수가 있지만 날마다 새날을 맞이하면 삼만 번 이상을 새롭게 살 수 있다. 산에 오른다는 건 결국 마음 산을 오르는 것이니 굳이 멀리 떠나서 새해맞이 할 필요는 없다.

봄내에 사는 동무랑 대룡산 산행을 마치고 동무네 집에서 하룻밤을 묵게 되었다. 아침이 되어 거실 유리창으로 햇살이 들어왔다. 거실에서 자고 있던 나는 아무 생각 없이 고개를 옆으로 돌려 햇빛이 들어오는 창밖을 보았다. 그때 멀리 궁둥이처럼 생긴 봉우리에서 황금빛 해가 고개를 내밀고 있는 것이 보였다. 누운 채로 그 모습을 보고 있으려니까 마치 산이 하늘을 향해 똥을 누는 것처럼 보였다.

'이제 보니까 산도 똥을 누는군.'

다시 자려고 하다가 무슨 생각이 들었는지 벌떡 일어나 다시 해를 바라보았다. 고새 봉우리에서 해가 떨어져 나갔다. 앉아서 보면 해인데 누워서 보면 똥으로 보이는 기이한 광경이었다. 그때 내 입에서 묘한 말이 저절로 튀어나왔다. '새날뫼!' 그리고 떠오르는 생각,

'아니다, 저것은 똥이 아니라 알이다. 황금알!'

지금까지 해돋이를 여러 번 보았는데 이번처럼 산이 알을 낳는 광경을 본 것은 처음이었다. 생각이 거기까지 미치자 나는 흥분하기 시작했다.

'저 알을 내 가슴에 품어 부화시킨다면 나는 맑고 건강한 영혼을 지닐 수 있겠구나.'

내 욕심이 너무 지나친 건가? 하지만 아무리 내가 그러고 싶어도 알을 품는 방법을 알지 못하지 않는가? 그냥 산을 바라보며 두 팔 벌리고 해를 맞이하면 될 거라는 생각은 했지만 어림도 없었다. 해의 황금빛이 연해질 무렵, 나는 내 생각이 달아날까 봐 안절부절못하고 있었다. 잠시 뒤, 결판이 났다. 아무 노력도 없이 거저 얻을 생각만 하는 사람에게는 하늘이 도와주지 않는다는 말이 내 설렘을 덮치고 말았다. 횡재했다고 생각했는데…….

우리 동네에 아주 작은 산이 하나 있다. 어느 겨울날 새벽, 그 산에 올랐다가 뜻하지 않게 해돋이를 보았다. 멀리 삼각산에서 붉은 해가 떠오르는 것이었다. 큰 행운을 만난 것처럼 기뻤다. 낮은 산에서도 얼마든지 해돋이를 볼 수 있구나! 그때 문득 '새날뫼'라는 말이 떠올랐다. 한동안 잊었던 말인데 다시 떠오른 것이다. 그래, 그때 산이 알을 낳는 모습을 보았지. 그런데 '새날뫼'에서 '알'은 어디에 숨은 거지? 알 듯 모를 듯 아무리 생각해도 뜻풀이가 잘 안 되어서 나는 천천히 떠오르는 말들을 정리해보기로 하였다. '새날'은 '새로운 날', '뫼'는 '산' 그런데 아무리 살펴봐도 '알'이 어디에 숨었는지 찾을 수가 없었다. 그래서 '날'이라는 말을 곰곰이 생각해보았다. '날'을 풀어보니 '나알'이 되었다. 그때 갑자기 눈이 크게 떠지면서 가슴이 쿵쿵거렸다. 음, 바로 여기에 숨어 있었군!

 '날'을 '나알'로 풀어보니 '나'와 '알'이 생겨났다. 비로소 '날'의 숨은 뜻을 알게 되었다. '나'와 '알'이 함께 해야 하루가 된다는 것. 그렇다면 '알'은 생각이다. 생각 없이 하루를 살 수 없으니까. 그렇다면 날마다 생겨나는 알 속에는 내가 미처 몰랐던 생각들이 꽤 많겠구나. 몸뚱이로 하루를 사는 게 아니라 몸뚱이와 생각이 어우러져야 하루가 된다는 것, 물론 여기서 '뫼'는 '마음 산'을 뜻하는 거지. 이렇게 되면 '새날뫼' 보다는 '새나알뫼'로 하는 게 좋겠군. 핵심은 '알'이다. '날마다 알을 품는 새로운 나!', 이렇게 뜻풀이하고 나니 저절로 기뻤다. 그때 떠오르는 나라, 엉뚱하게도 거기는 내가 가본 적도 없는 티베트였다. 달라이 라마의 빛이 내 마음에 닿는 순간이었다. 밤과 새벽 사이는 없다. 멀리서 날아온 빛이 어둠에 닿아 새벽이 되는 것처럼 내 마음에도 빛이 움트는 것 같았다.

별을 보려고 일부러 하늘을 올려다본 건 아닌데 우연히 별 하나가 내 눈에 들어왔다. 그 별빛은 얼마나 먼 데서 날아왔을까? 이렇게 되면 우연이라는 말은 없어도 되는 말이다. 먼 데 사는 달라이 라마의 빛이 오랜 세월을 지나 내 마음에 닿은 걸 보면 사람의 마음도 별처럼 빛나는가 보다. 물론 아무나 빛을 발할 수 있는 건 아니겠지만. 사실 나는 그때까지만 해도 달라이 라마에 대해서 아는 게 별로 없었다. 오늘도 멀리 떨어진 태평양 외딴섬이나 아프리카 오지에서 내 마음을 향해 날아오고 있는 빛이 있을지도 모른다. 만약 그렇게 되면 나는 아주 운이 좋은 사람이다.

산이 알을 낳는 모습을 본 뒤부터는 산을 대하는 마음이 달라졌다. 지금까지는 그냥 산에 오르고 내려오고 그랬는데 이제는 알을 품기 위하여 산에 가는 것이다. 오늘은 알 속에 어떤 것이 들어 있을까? 자비의 씨앗이 들어 있기를 바란 적도 있었고 용서의 씨앗이 들어 있기를 바란 적도 있었다. 나쁜 생각 하면 나쁜 알을 품을 것 같고 좋은 생각 하면 좋은 알을 품을 것 같았다. 그렇다면 산에 가면서 나쁜 생각은 아예 하지 않는 것이 좋겠군. 알 속에는 내가 모르는 생각과 나의 하루 시간표가 담겨 있다는 걸 알게 되었다. 물론 알을 품지 못하는 날도 있고 알을 품었다 해도 부화시키지 못하는 날도 있었다. 그런 날은 내 인생의 하루가 그냥 지나가는 것 같아서 마음이 편치 않았다. 사실 알을 품는 것보다 알을 부화시키는 일이 더 어려웠다. 알을 잘 부화시키면 알 속에 들어 있던 생각들이 내 마음에 스며드는 걸 느낄 수 있는데 그 생각을 실천에 옮기면 자그마한 기쁨이 하늘거리는 것을 느낀다. 그래서 알을 부화시킬 때는 나도 모르게 눈을 감게 되고 심호흡하게 된다. 스님들이 아침 일찍 일어나 명상을 하는 것도 마음 산에서 솟아난 알을 부화시키기 위함이 아닐까?

달라이 라마의 빛이 내 마음에 들어오고 나서 몇 년이 흘렀다. 어느 날 시골에서 학교 교장을 하는 벗을 찾아갔다가 뜻밖에도 달라이 라마를 보았다. 벽에 걸린 사진에서 벗과 달라이 라마가 나를 쳐다보고 있는 것이었다. 달라이 라마한테 인사를 시키려고 벗이 그 먼 곳까지 갔다 왔구나. 사진을 한참 쳐다보니 달라이 라마가 나한테 자비와 용서의 씨앗을 건네주는 것 같았다. 하지만 메마른 마음에 도저히 그 씨앗을 움트게 할 자신이 없었다. 문득 티베트는 우리들의 고향이라는 생각이 들었다. 자기 나라를 점령한 중국을 용서해주는 것도 모자라 중국인들을 같은 형제라고 말하는 달라이 라마를 향해 두 손을 모으고 경의를 표했다.

🎵 용서하세 용서하세
자비하세 자비하세
미움 속에
사랑 있으니
미워하지 마세
새나알뫼 새나알뫼
새나알뫼 음음

－「새나알뫼」, 2021/2025

아무도 없는 학교

꽃밭에 물 주던 내 동무들
꽃들은 모두 어디로 갔을까

여름이 오면 동네가 시끄러울 정도로 요란했는데 이번 여름에는 조용하기만 하다. 매미에게 무슨 일이 있는 건가? 엊그제 세 마리를 보았는데 오늘 한 마리가 땅바닥에 누워 있다. 그동안 매미에게 신경 쓰지 않았는데 막상 매미가 나타나지 않으니 동네 나무들마저 기운이 없어 보인다. 생각해보니 나도 기운이 없다. 매미가 알게 모르게 우리 동네에 기운을 주었구나, 하는 생각이 들었다.

벗이 그리워 고향을 찾았는데 동네 어귀에 서 있는 느티나무가 나를 알아보고는 소리 없이 흐느낀다. 개구리 소리 우렁차도 벗이 없으니 고향이랄 게 없구나. 어릴 때 보았던 꽃들은 모두 어디로 갔나? 내가 너무 늦게 왔구나. 아무도 없다는 게 이처럼 쓸쓸한 것인 줄 몰랐네. 여러 그림자가 어울려 놀 때가 좋았는데 홀로 남은 그림자는 쓸쓸하기 짝이 없구나.

내가 그리워지면 나는 산으로 간다! 예전엔 그렇게 살았는데 이제는 내가 그다지 그립지 않네. 열정이 식어 늙음이 찾아오니 게을러져 산에 가는 것도 뜸해진 거지. 나는 알고 있다네. 이젠 산에 있는 나도 나를 기다리지 않는다는 것을. 결국 혼자 남는 것이네. 산신령이 노래를 주지 않아서 산에 가지 않는 게 아니라 내가 안 가니까 주지 않는 거지. 늙어서 게으른 게 아니라 게을러서 늙는 거라네. 다시 산으로 가야 하네. 내가 거기에 있다네.

노래 캐러 산 다닌 지 꽤 되었다. 친하게 지내는 동료 하나 없으니 어떤 때는 내가 외딴섬에 갇혀 있다는 느낌이 들 때가 있다. 예전에는 혼자서도 잘 놀았건만 조금씩 스며드는 외로움을 모른 척할 수가 없다. 귀에서 신호음 같은 게 자주 들리고 방금 들었던 얘기를 잊어버리고 어젯밤 흥얼거렸던 노래가 떠오르지 않는다. 요즘은 아무도 없는 사막을 혼자서 걷는 것 같고 생각마저 말라가니 적막강산이 따로 없다.

낙남정맥을 하다가 다솔사역 부근에 있는 어느 폐교에서 하룻밤을 보내게 되었다. 산에서 주워 온 밤을 모닥불에 구워 먹으면서 어린 날을 떠올렸다. 처음으로 학교 가는 날, 얼마나 설렜으면 엄마가 나를 데리고 가는 것이 아니라 내가 엄마 손을 잡아끌고 갈 정도였지. 동무들도 만나고 선생님도 만나고 노래도 배우고 처음 해보는 손수건 돌리기도 했지. 학교는 정말이지 유치원을 다니지 못한 나에게는 환상의 놀이터였다. 2학년 때는 선생님이 짧은 글짓기를 잘한다면서 동화책을 사주었고 3학년 때 선생님은 그림을 잘 그린다고 칭찬해주었지. 생각해보면 칭찬이라는 것은 참 좋은 것이다. 나는 내가 정말 그림을 잘 그리는 줄 알고 그림을 열심히 그렸고, 짧은 글짓기를 정말 잘하는 줄 알고 동화책을 열심히 읽었지. 그때 나를 인도하는 선생님이 있었다면 지금쯤 소설가나 화가가 되었을지도 모른다. 3학년 겨울 방학식 날, 그날은 동무들과 마지막 수업을 하는 날이었다. 선생님이 나를 교단 위에 세우고는 아이들을 향해 말했지.

"이제 이 동무는 여러분과 헤어져 서울로 전학을 갑니다."

교실이 조용해지면서 소란했던 아이들이 나를 쳐다본다. 삼 년 동안 정들었던 동무들과 선생님 그리고 학교와 헤어져야 한다고 생각하니 눈물이 고였다. 그 순간 선생님의 풍금 소리에 맞춰 아이들의 합창 소리가 들렸다. "낮에 놀다 두고 온 나뭇잎 배는~" 모든 게 선생님의 연출이었겠지만 나는 물론이고 노래 부르던 아이들도 눈물을 글썽거렸다. 지금도 나는 이 노래를 들으면 눈물이 고인다. 서울 학교는 봄내에서 다니던 학교와는 달리 재미도 없고 시험도 자주 보았다. 반 아이들이 얼마나 많은지 누가 누군지 기억도 나지 않는다. 내 인생에서 가장 즐거웠던 시절은 봄내에서 3학년까지 다녔던 그때가 아닌가 싶다.

엊저녁에는 참 예쁜 학교였는데 아침에 일어나 보니 참 쓸쓸하다. 선생님도 없고 아이들도 없고 가을바람만이 빛바랜 학교 건물을 어루만지고 있다. 운동장을 지키고 있는 낡은 교단에 올라서니 가을 운동회 날 끝까지 달리던 어린 날의 내 모습이 보이고 학교 건물 앞에 우두커니 서 있는 이순신 장군과 세종대왕은 잡초가 우거진 화단을 지키고 있다. 어린 날의 학교가 생각난다. '꽃밭에 물 주던 내 동무들, 꽃들은 모두 어디로 갔을까?' 깨진 유리창과 곳곳에 거미줄도 있고 칠판에 낙서가 그대로 남아 있는 교실도 있다. 갑자기 어릴 때 담임 선생님과 동무들이 보인다. 나는 너무 반가워서 손을 흔들었고 선생님과 동무들도 반갑다며 손을 흔들었다. 그리고 잠시 뒤 노래가 들린다. "낮에 놀다 두고 온 나뭇잎 배는~" 아무도 없는 학교인 줄 알았는데 선생님도 있고 동무들도 있구나.

집에 와서 악보를 그렸다. 노래 이름은 '아무도 없는 학교'. 그런데 선뜻 생각나는 가수가 없다. 그동안 알게 된 가수가 몇 명 있긴 있지만 만남이 없어 부탁하기도 미안한 처지다. 그러던 어느 날 어떤 유명 가수가 나한테 곡을 부탁했다. 뜻밖의 일이라 생각하며 그 가수에게 이 악보를 건넸다. 만약 그 가수가 이 노래를 불러준다면 폐교가 덜 외로울 거라는 생각을 했다. 나는 그 가수를 고맙게 생각하며 노래 빛깔이 잘 나오기를 기대했다. 그런데 기다리고 기다려도 아무런 연락이 없는 것이었다. 아무래도 이 노래가 자기한테 맞지 않는다고 생각한 모양이다. 노래는 임자가 따로 있다는 말이 새삼스러웠고 가수와의 인연도 뜻대로 되는 것이 아님을 알게 되었다.

산 다니면서 만난 폐교가 적지 않다. 가장 순수한 추억이 자라는 학교가 사라진다는 건 정말 안타까운 일이다. 태어나는 아이들도 점점 줄어들고 있으니 날이 갈수록 문 닫는 학교는 늘어나겠지. 이따금 전시장, 캠프장으로 변한 폐교를 보면 교실 밖으로 쫓겨난 추억과 그리움들이 운동장 구석 큰 나무 아래서 흐느끼는 소리가 들린다.

중학교 2학년 때다. 한번은 학교에 갔는데 선생님도 없고 아이들도 보이지 않았다. 월요일인 줄 알고 모처럼 일찍 학교에 왔는데 일요일이었다. 온 김에 교실을 보았다. 내 책상이 보였고 그 책상에서 잠을 자는 내 모습도 보았다. 놀 땐 멀쩡하다가 왜 수업 시간만 되면 졸음이 쏟아지는지? 다음부터는 선생님 말씀 잘 듣고 공부도 열심히 해야겠다고 생각했다. 아무도 없는 학교는 썰렁하기도 하고 무섭기도 하였다. 학교는 역시 선생님과 학생이 있어야 한다고 생각했다.

교문 옆 꾀꼬리 동산에서 쉬고 있는데 꾀꼬리가 한 마리도 없다. 그러고 보니 그동안 학교 다니면서 꾀꼬리를 본 적이 없다. 그제야 꾀꼬리 없는, 이름만 꾀꼬리 동산이라는 걸 알았다.

　살면서 필요한 것들이 갑자기 보이지 않게 되면 당황하게 된다. 휴지가 없을 때 휴지 귀함을 알게 되고 물이 없을 때 물 귀함을 알게 된다. 선생님이 필요한데 선생님이 없고 국회의원이 필요한데 국회의원이 없다. 세상이 변하긴 했다. 나 어릴 때만 하더라도 선생님은 존경의 대상이었는데 요즘 뉴스를 보면 슬픈 생각이 들 때가 많다. 선생님이 야단치면 엄마한테 이르고, 엄마는 선생님을 고발하고, 담배 피우지 말라고 타이르는 할아버지를 밀쳐 넘어뜨리는 아이들을 생각하면 한숨만 나온다. 화단은 있는데 꽃은 보이지 않고, 마을은 마을인데 빈집이 많고, 어린이 놀이터엔 노는 아이들이 없다. 학교에 선생님도 있고 학생들도 있는데 아무도 없는 학교처럼 느껴지는 건 왜일까?

힘겨운 고개를 넘을 때면
어릴 적 하늘이 떠오르네
비 갠 하늘에 새들처럼
날고 싶구나 날고 싶어

들판엔 꿈 잃은 허수아비
이제는 내 꿈도 허수아비
만국기 날리던 가을 운동회
끝까지 달리던 내 그림자

아련히 들리는 풍금 소리
칠판엔 울먹인 눈물 글씨
꽃밭에 물 주던 내 동무들
꽃들은 어디로 떠났을까

어쩌다 들리는 기차소리
학교엔 아무도 살지 않네
깨어진 유리창 그 사이로
선생님 목소리 들려오네

-「아무도 없는 학교」, 1994/2009

금강초롱

흩어진 구름아 모여 보자
큰 배를 띄워 보세나

사람은 자기를 좋아해주는 사람을 좋아하기 마련이다. 말 못 하는 강아지나 화초도 따뜻한 손길을 알아보고 그 사람을 따른다. 내가 산을 좋아하게 된 것도 따지고 보면 산신령의 따뜻한 손길 덕분이다. 처음엔 그냥 아무 생각 없이 산에 올랐는데 어느 날 갑자기 가슴에 뭔가 훵 지나가더니 노래가 보이는 것이었다. 그래서 또 그런 일이 일어났으면 좋겠다 싶어 자주 산에 가게 되었는데 또 노래가 보이는 것이었다. 나는 그것이 마치 내가 하늘과 땅을 이어주는 매개체 역할을 해야 하는 것 같아 두려움 같은 게 생겨나기도 하였다. 혹시 내가 노래를 잘못 전달하면 어쩌나 하는 그런 두려움. 그래도 기분이 좋은 건 산신령이 나를 지켜보고 있다는 느낌이었다. 그러다 보니 스스로 노래를 만드는 일은 점점 뜸해지고 자꾸만 산신령한테 의존하는 버릇이 생겨났다. 하느님의 목소리를 들었다는 사람이 있는데 나는 산신령이 있다는 것을 알게 되었을 뿐 그 이상은 아니었다. 목사 동무에게 산신령을 만난 얘기를 해주었더니 미신을 믿지 말고 하느님을 믿으라고 몇 번을 되풀이하며 열을 올렸다. 아마 그 동무는 산신령이라는 말이 거슬렸던 모양이다. 나는 그저 하느님이라는 말 대신 산신령이라고 말한 것뿐이었다. 아무튼, 산신령이 나한테 노래를 주는 방법은 다양했다. 어떤 때는 가슴에 휙 던져주기도 하고 어떤 때는 바람에 실려 보내기도 하고 또 어떤 때는 여기저기에다 숨겨놓기도 한다. 한번은 산신령이 보여준 꽃을 보고는 감탄에 빠진 적이 있었다.

마등령에 텐트를 치고 하룻밤 보낸 뒤 공룡능선을 탔다.

험한 길이 오히려 더 편안할지 모른다는 생각이 들었다. 편안하다고 믿은 길도 돌아보면 험하게 느껴질 때가 있다. 편한 길이 꼭 편한 것도, 힘든 길이 꼭 험한 것도 아니다. 길이란 험하든 아니든, 결국 나를 받아줄 때 비로소 길이 된다.

　고요한 구름바다, 어디선가 은은하게 종소리가 들리는 것 같다. 내가 보려고 한 것도 아닌데 저절로 내 가슴에 들어온 꽃. 종처럼 생긴 꽃이 바위틈에 매달려 산 아래를 굽어보고 있다. 그대는 어이해 바위틈에 매달려 고개를 숙이고 있는가? 저리도 예쁜 꽃이 무슨 참회할 일이 있단 말인가? 그러지 말고 차라리 종을 울려주시게. 내 마음에 붙어 있는 오래된 죄 껍데기가 떨어져 나가도록 말일세. 산신령은 마술사인가? 그냥 바라만 보았는데도 종소리가 들리는 것 같았다. 이름이 궁금하여 옆에 있는 사람에게 물어보니 모른다고 한다. 그냥 지나가려는데 그 꽃이 자꾸만 내 발목을 잡는다. 그제야 불현듯 떠오르는 장면이 있었다. 맞다, 거기다! 오래전, 봉정암에서 하룻밤 자고 대청봉으로 향하다가 잠시 눈을 붙이고 있었는데 어디에선가 종소리가 들렸지. 둘러보니 내 옆에서 종처럼 생긴 꽃이 바람에 살랑거리고 있었다. 바로 그 꽃이네! 그때는 산신령의 존재를 알지도 못했을 때였지. 오늘은 산신령이 나를 금세 알아본 거야. 내가 다시 올 거라는 걸 알고 있었던 거지. 그래서 이 꽃을 보게 한 거야.

공룡능선은 힘들었지만 편안했다. 그런데 그 편안함이라는 것이 어떤 구간을 지났다는 그런 안도감 같은 것이 아니라 내 마음을 어루만져주는 그 무엇이 있었기에 편안한 것 같았다. 바로 내 발목을 붙잡고 놓지 않으려고 했던 그 꽃 때문이 아니었을까? 바위틈에서 살랑살랑 종을 울려주던 보랏빛 꽃! 누군가를 위하여 종을 울린다는 것은 하늘의 뜻이다. 그러므로 그 종소리를 듣는 자는 하늘의 뜻을 따라야 한다.

천당폭포를 지나는데 종 모양의 꽃이 많이 보였다. 나는 흥분하기 시작했다. 아는 것만 보인다더니 이제 나는 저 꽃의 이름을 알아야 한다. 앞으로는 함부로 나서지 말아야겠다. 아는 것보다 모르는 것이 더 많은 나는 지금까지 아는 것 몇 가지만 가지고 살았던 것 같다. 내가 지나쳤던 길에 수십 종 아니 수백 종의 꽃들이 있었을 텐데 내가 모르니까 보지 못한 것이다. 산신령이 아니었으면 내가 저 꽃을 볼 리가 없다. 혹시 내가 모르고 또 지나칠까 봐 자꾸만 나타나게 하여 보게 만든 것이다. 사람들의 발걸음 소리가 많이 들리는데도 종소리가 들리는 걸 보면 예사롭지 않은 꽃이다. 이제 나는 하늘의 뜻이 무엇인지 알아야 한다.

바람은 마술사다. 풍경을 흔들어 소리를 내게 하고 꽃을 흔들어 향기를 퍼지게 하고, 바람은 스스로 소리를 내지 못하는 것들을 찾아다니면서 소리를 내게 하는구나. 그렇다면 내 마음도 좀 건드려주지. 그때였다. 갑자기 구름바다에서 수천만 개의 종이 한꺼번에 울리는 것 같은 착각이 들었다. 나는 발걸음을 멈추고 눈을 감았다. 아름답고 포근한 종소리가 내 귀로 들어와 내 머릿속을 가득 메웠다. 산 아래로 내려오자마자 설악산 박사한테 전화했다.

"형, 내가 종소리가 들리는 이상한 꽃을 봤어."

꽃 이름을 묻기도 전에 금강초롱이라고 말해주었다. 산신령이 금강초롱을 내게 보여준 거라면 그 꽃 속에 분명 하늘의 뜻이 숨어 있을 것이다. 이번에도 지나친다면 앞으로는 이 꽃을 보여주지 않겠지? 몇 년 전에 대청봉에 올라 금강산을 바라본 적이 있었다. 그날은 날씨가 좋아 금강산이 선명하게 보였다. 그 순간 금강산에 오른 어떤 사람도 설악산을 바라보고 있었겠지. 그 사람과 나는 한마음이었을 테고 설악산과 금강산도 한마음이었을 것이다. 금강초롱은 금강산과 설악산에서 제살이를 하니까.

그날 밤, 나는 잠을 이루지 못했다. 밤길을 비추던 초롱불처럼 통일의 앞길도 비춰주길 바라면서 나는 바위틈에 매달린 금강초롱을 생각하며 기도했다. 고향이 그리워도 못 가는 신세, 허리 잘린 내 나라, 이제는 피가 통하여서 하나가 되게 해주세요! 반쪽짜리 백두대간 말고 온전한 백두대간 종주를 하고픈 사람들이 줄을 서서 기다리고 있습니다. 이제는 가게 해주십시오. 나는 조용히 구름바다에 배를 띄웠다. 금강초롱을 가득 싣고 아버지의 고향으로 간다. 바람에 배가 흔들린다. 하느님한테 전화했다. 종을 울리게 해달라고. 금강초롱이 종을 울리니 배도 노래하고 구름도 노래한다. 금강산에서도 금강초롱을 가득 실은 배가 내려온다. 그 배에서도 종소리가 난다. 두 배에서 울리는 종소리가 구름바다에 울려 퍼지니 설악산 금강산은 물론 삼천리강산에 피어 있는 꽃들이 한꺼번에 일어나 춤을 춘다. 하느님이 내 애기를 들어주었네. 아버지가 바라는 통일은 고향에 가는 것일 뿐 더 큼도 아니고 더 작음도 아니었다. 두 배가 금강초롱을 가득 싣고 종을 울려대니 이것이 통일이 아니고 무엇이더냐! 드디어 산신령이 숨겨놓은 노래를 찾았다.

여기서 조금만 더 가면 금강산이건만
아무 말 못 하고 돌아섰네 산도 말이 없었네
구름바다에 배를 띄워 종을 울리고 싶다
구름이 제멋에 흩어지니 배는 못 띄우겠네

고개만 숙이고 살았는가 금강초롱아
이제는 뭐라고 말해야지 종을 울리려무나
금강산에도 설악산에도 종을 울리려무나
흩어진 구름아 모여 보자 큰 배를 띄워보세나

-「금강초롱」, 1989/1994

무궁화

꽃에 어울리는 꽃병이어야 하고
꽃병에 어울리는 꽃이어야 한다

 몇 해 전, 어느 바닷가 마을을 걷다가 뜻하지 않게 벚꽃이 날리는 풍경을 보았다. 꽃비가 내린다고 하는 사람들도 있지만 내 눈에는 어린 나비들이 봄나들이하는 것처럼 보였다. 때마침 병아리 같은 아이들이 선생님을 따라서 걷고 있었다. 꽃은 피어 있을 때가 아름다운 줄 알았는데 저렇게 꽃

나비가 되어 날아다니는 모습도 아름답구나.

　무턱대고 벚꽃을 미워할 수도 없는 일이고……. 벚꽃 하면 일본이 떠오른다. 일본은 창경궁의 전각을 허물고 동물원, 식물원을 만들었다. 유원지가 된 창경궁은 창경원이 되었고 일본의 민족혼 말살 정책은 벚꽃놀이에 감춰졌다. 백성들은 일본의 그런 술책을 알지 못했고 오히려 새로운 유원지를 반겼다. 그렇게 만들어진 '창경원 벚꽃놀이'는 해방된 뒤에도 살아남아 지금까지 명맥을 이어가고 있다. 꽃이 무슨 죄가 있겠느냐마는 방송국마다 벚꽃놀이를 알리는 걸 보면 마음이 불편하다. 벚꽃놀이는 어떻게 하는 걸까? 아직도 일본의 그림자가 우리 곁에서 어슬렁거리고 있는 걸 보면 씁쓸하다는 생각이 든다. 다행히 창경궁 복원이 끝나 이름도 되찾고 해서 조금은 위안이 되었지만 '창경원 벚꽃놀이'는 '여의도 벚꽃축제'로 거듭났다. 그리하여 그 맥을 다시 이어가게 된 일본의 그림자는 문신처럼 이 땅에 살아남는다.

　어느 날, 동네 산을 오르다가 무심결에 홀로 서 있는 무궁화 나무를 보았다. 활짝 핀 무궁화에 물었다. 너희는 무궁화놀이 안 하니? 그랬더니 아무 대답이 없다. 벚꽃놀이는 하는데 무궁화놀이는 왜 안 하는 걸까? 가만히 생각해보니 벚꽃과 놀이는 붙여쓰기해서 '벚꽃놀이'라고 하는데 무궁화와 놀이는 띄어쓰기해서 '무궁화 놀이'라고 써야 한다. 아하, 그래서 무궁화놀이를 할 수 없는 거구나! 나는 혼자 투덜거리면서 산에서 내려왔다. 아무도 쳐다보지 않는 무궁화! 괜히 화가 났다. 벚꽃을 미워하기보다는 무궁화를 사랑하지 않은 나 자신도 못마땅했다.

'무궁화, 무궁화 우리나라 꽃 삼천리강산에 우리나라 꽃'
'무궁화 삼천리 화려강산'

위 것은 '우리나라 꽃'이라는 동요의 노랫말이고 아래 것은 애국가에 나오는 노랫말이다. 모두 초등학교 들어가서 배운 노래다. 그때 나는 무궁화를 교과서에서 그림으로 보았을 뿐 실제로 본 적은 없었다. 그러다가 군대 가기 전, 어느 시골 기차역에서 쓸쓸히 피어 있는 무궁화를 보았는데 갑자기 가슴이 저리는 것이었다. 내가 무궁화에 무슨 잘못을 저지른 건 아니지만 무궁화에 대한 노래를 만들지 않았다는 죄책감이라고 할까? 괜히 미안했다. 하지만 그것이 저 깊은 마음에서 우러나와야 노래가 되는 거지, 단순히 미안하다고 해서 만드는 거라면 노래가 될 것 같지 않았다. 나는 내 마음을 들여다보고 깜짝 놀랐다. 진심으로 무궁화 노래를 만들려고 한 것이 아니라 허영으로 만들려고 했다는 것. 아, 내가 노래를 도구로 사용하고 있구나. 그렇게 허영이 진심을 물리친 어느 날 기어이 무궁화가 내 노랫말로 들어왔다.

'무궁화 꽃내음 삼천리에 퍼져라.'

1977년에 만든 '터'의 노랫말 가운데 한 구절이다. 무궁화가 우리나라 꽃이어서 노랫말에 반드시 넣어야 한다고 생각했다. 완성된 노랫말을 보고 처음에는 잘 되었다고 생각했는데 날이 갈수록 목구멍에 가시가 박힌 것처럼 뭔가 찝찝했다. 가만히 듣고 있으면 괜찮은데 그 구절만 들으면 불편한 것이었다. 참 이상한 일이었다. 내 마음이 왜 이리 불편하지? 그렇게 몇 년이 지나고 나서 원인을 알게 되었다. 가시는 목구멍이 아닌 내 양심을 찌르고 있던 것이었다. 결국 무식이 드러나고 말았다. 나는 꽃이라면 다 향기가 있는 줄 알았다. 그런데 무궁화는 거의 향기가 없다. 그러므로 무궁화 꽃내음은 삼천리에 퍼질 수 없다. 나는 무궁화를 사랑한 것이 아니라 무궁화에 알랑거린 것이다. 이제 와 후회한들 무슨 소용이 있으랴. 한번 발표된 노래는 거두어들일 수 없다. 내가 참 어리석었네. 그 뒤로 10여 년이 흐른 어느 날, 나는 무궁화에 사죄하는 마음으로 온전한 무궁화 노래를 만들었다.

나는 이 노래를 무궁화에 바치면서 지난날의 잘못을 용서해달라고 빌었다. 하지만 달이 가고 해가 바뀌어도 무궁화로부터 아무런 답변이 없었다. 여전히 무언가 못마땅한 모양이었다. 또다시 마음이 불편해지기 시작했다. 속을 들여다보니 빠진 줄 알았던 가시가 아직도 양심에 박혀 있는 것이었다. 정직은 소화가 잘돼 속을 편하게 하지만 거짓은 소화도 안 되고 마음 밖으로 배출도 되지 않아 속을 불편하게 한다. 처음부터 작정하고 하는 거짓말이 있는가 하면 사실대로 말했는데 그것이 나중에 거짓말로 드러나는 일도 있다. 나는 벚꽃의 원산지가 제주도인 것을 모르고 있었고 무궁화가 추운 지방에서는 자라지 못한다는 것도 모르고 있었다.

아름다운 꽃을 아름다운 꽃병에 꽂으면 훨씬 아름다우리라 생각했는데 생각처럼 아름답지 않다. 예쁜 꽃병이 아니라 꽃에 어울리는 꽃병이어야 하고 예쁜 꽃이 아니라 꽃병에 어울리는 꽃이어야 한다는 걸 미처 몰랐다. 나는 무궁화 노랫말에 잘못됨이 없다고 생각했는데 뭔가 억지스럽다는 생각이 들었다.

   '하필이면 벚꽃이냐 왜 하필이면 벚꽃이냐'

   일본은 나라꽃이 없다고 들었다. 그런데도 벚꽃이 일본의 나라꽃이라고 생각하는 사람이 많은 걸 보면 그만큼 일본의 벚꽃 전략이 잘 먹혀들었다고 봐야 할 것이다. 사실 나도 벚꽃이 일본의 나라꽃인 줄 알았다. 그래서 '하필이면 벚꽃이냐'라고 했는데 결과적으로는 벚꽃이 일본의 나라꽃이라는 걸 인정해주는 꼴이 되고 말았다. 나의 경솔함과 무식함이 드러나는 대목이다. 벚꽃에 공을 들인 일본에 견주면 무궁화에 대한 나의 사랑은 창피하기만 하다. 일제강점기 때 무궁화가 탄압받았다는데 그게 어느 정도인지 모르겠고 광복이 된 뒤에 무궁화를 찾지 않은 걸 보면 우리가 무궁화를 사랑하지 않았음이다. 보라, 여기저기서 벚꽃놀이를 하는데 무궁화놀이는 어디에서도 하지 않는다. 내가 그렇게 한 것도 아닌데 괜히 무궁화에 미안한 마음이 든다.

   '저 북녘땅에도 무궁화는 피어 있겠지'

우리나라 꽃이니까 당연히 북쪽에도 피어 있는 줄 알고 노랫말에 썼다. 하지만 그 역시 거짓말로 드러나고 말았다. 북녘땅에 피어 있는지 알아보지도 않고 노래를 만들었으니 그런 꼴을 당하는 거다. 1994년부터 백두산, 압록강, 두만강을 다녔다. 거기에 가면 노래들을 많이 캘 것 같아서였다. 나는 노래를 찾으면서 틈틈이 무궁화를 찾아보았다. 하지만 노래도 찾지 못했고 무궁화도 찾지 못했다. 노래는 그렇다 치고 무궁화는 추운 지방에서 자랄 수 없다는 말을 듣고는 문득 속았다는 생각이 들었다. 우리나라라고 함은 남북을 모두 가리키는 말인데 남쪽에서만 피고 북쪽에서는 피지 않는다면 굳이 무궁화를 나라꽃이라고 할 까닭이 없지 않은가? 이렇게 되면 '무궁화 삼천리 화려강산'도 '무궁화 꽃내음 삼천리에 퍼져라'도 모두 거짓이 되는 것이다. 그런 맥락에서 보면 무궁화는 억울할 수도 있을 것이다. 자신은 가만있는데 마음대로 무궁화를 나라꽃이라고 하였으니 말이다.

'우리 마음속에는 언제라도 피어 있는 꽃'

마음에도 없는 소리를 했다. 나라꽃을 사랑하자는 마음에서 그렇게 표현한 건데 본의 아니게 거짓말로 드러나고 말았다. 내가 교육에 속았다면 아이들도 내 노래에 속은 것이다. 무궁화에 대해서 잘 알지도 못하면서 노래를 만들었으니 무궁화를 욕되게 한 것이나 다름이 없다. 정말 낯부끄럽다. 우리 마음속에 언제라도 피어 있는 꽃이라니? 결국, 아이들한테 무궁화가 우리나라 꽃이라고 세뇌한 것밖에 더 되는가? 포장이 벗겨져도 겉과 속이 같은 노래가 좋은 노래다. 아무리 순수한 마음으로 노래를 빚었다 하더라도 거짓이 드러나면 사람을 속인 노래가 된다.

'삼천리강산에 무궁화를 피워보자'

이 또한 마음에 없는 소리다. 먹고살기 바쁜데 삼천리강산에 무슨 무궁화를 심는단 말인가? 삼천리강산에 무궁화를 심었다고 치자. 그렇게 하면 나라에서 상을 주는가? 나는 무궁화 노래를 만들어놓고는 막상 아무것도 하지 않았다. 무궁화 옆에서 찍은 사진도 없다. 나는 그렇게 무궁화를 앞세워 나라 사랑하는 사람이 되었다. 사기꾼이 따로 없다.

'아름다운 내 나라의 꽃 한겨레 한마음의 꽃'

무궁화를 아름다운 내 나라의 꽃이라고 한 것은 정말 아름다워서 아름답다고 한 것인가, 아니면 내 나라의 꽃이니까 그냥 형식적으로 아름답다고 한 것인가? 사랑하는 마음 없이 노래를 만들면 안 된다는 것을 뻔히 알면서도 나라꽃이니까 만들어보자는 그런 얄팍한 마음을 지녔으니 손가락질받아 마땅하다. 그냥 산신령이 던져주는 노래만 할 것이지, 어쩌자고 허영으로 노래를 만들 생각을 했는지 모르겠다. 나는 진심으로 무궁화를 사랑해서 노래를 만든 게 아니라 무궁화를 이용해서 나를 알리려고 했다. 나에게 그런 음흉함이 있었다고 생각하니 나한테 화가 나고 배신감이 느껴진다. 꼭 뭐에 홀린 것 같다. 무궁화를 사랑한 적도 없으면서 '한겨레 한마음의 꽃'이라고 노래했으니 무궁화는 결코 나를 용서하지 않을 것이다. 노래는 거울이다. 사심이 들어간 노래는 결국 들통이 나는 법이다.

사랑을 위한 사랑은 오래가지 않는다. 나는 무궁화를 사랑하기 위하여 사랑했다. 다른 노래들은 속에서 우러나온 거로 만들었는데 무궁화는 눈비음으로 만들었다. 처음엔 무궁화 노래를 만들지 않은 것을 직무 유기라고 생각했는데 지금은 오히려 무궁화 노래를 만든 것을 후회한다. 낯간지럽고

죄스럽다. 어찌 되었든 '무궁화'는 내가 만든 노래 가운데 가장 부끄러운 노래가 되었다. 그렇지만 나는 이 노래를 없애 버리지 않을 것이다. 허영으로 노래를 만들면 이렇게 창피한 꼴을 겪게 된다는 걸 두고두고 뉘우쳐야 하기 때문이다. 그리고 무엇보다도 무궁화를 욕되게 한 죗값을 치러야 하기 때문이다.

수많은 꽃 중에서 무궁화는 어디 있을까
사월이라 하늘 푸르면 벚꽃놀이 한창이겠지
하필이면 벚꽃이냐 왜 하필이면 벚꽃이냐
아름다운 내 나라의 꽃 무궁화는 어찌하라고

저 북녘땅에도 무궁화는 피어 있겠지
우리 마음속에는 언제라도 피어 있는 꽃
삼천리강산에 무궁화를 피워보자
아름다운 내 나라의 꽃 한겨레 한마음의 꽃

- 「무궁화」, 1990

땅

꿈은 소중한 거지
크고 작음이 아니다

큰 꿈을 가져라!

상당히 위험한 말이라고 생각합니다. 대통령이 되겠다는 아이와 시골 선생님이 되겠다는 아이가 있습니다. 누가 더 큰 꿈을 지닌 건가요? 어른들도 부추깁니다. 시골 선생님이 되겠다는 아이한테는 "오, 그래." 하면서, 대통령이 되겠다는 아이한테는 "오, 고놈 참 똑똑하게 생겼네." 하고 머리를 쓰다듬어줍니다. 시골 선생님이 되겠다는 아이의 꿈이 대통령이 되겠다는 아이의 꿈보다 작은 것이 되어버렸습니다. 저는 시골 선생님이 되려는 아이가 더 큰 꿈을 지녔다고 생각합니다. 아닙니다. 제 말도 틀렸습니다. 꿈에 무슨 크고 작음이 있겠습니까. 땅 한 마지기가 큰가요, 백 마지기가 큰가요? 당연히 백 마지기가 크지요. 하지만 아무리 큰 땅이라도 가꾸지 않으면 의미가 없지요. 콩도 심고 팥도 심고 꿈도 심고 사랑도 심고 살아가면서 필요한 걸 정성 들여 가꿀 수 있다면 바로 그것이 나의 소중한 땅 아니겠습니까? 이렇듯 꿈은 소중한 거지, 크고 작음이 아닙니다.

허영은 사람의 마음을 부풀어 오르게 합니다. 풍선처럼 터지면 다행이지만 그리되지 않으니 문제입니다. 큰 기와집에 산다고 행복한 것도 아니고 작은 초가집에 산다고 불행한 것도 아닙니다. 아무리 작은 집이라도 잘 가꾸고 살면 행복이고 아무리 큰 집이라도 비 새고 바람 들어오면 재미없는 거지요. 누가 술 잘 마시는 사람이고 누가 술 못 마시는 사람인가요? 1병 마시는 사람보다 10병 마시는 사람이 잘 마시는 사람이지요. 틀렸습니다. 10병 마시고 주정하는 사람이 못 마시는 사람이고 1병 마시고도 즐거운 사람이 잘 마시는 사람입니다. 주정하는 사람보다 더 재미없는 사람은 본인은 띄엄띄엄 마시고 상대방한테 술을 자꾸 마시게 하여 취하게 만드는 사람이에요.

옛날에 어느 시골 마을에 땅 부자 노인이 살고 있었어요. 어느 날 노인이 병이 들어 앓아누웠어요. 아들이 두 명 있었는데 땅을 어떻게 해야 할지 고민이었습니다. 큰아들은 아버지의 땅을 잘 지키겠다고 하였고 둘째 아들은 땅 한 뙈기만 달라고 하였지요. 고민하던 노인은 결국 큰아들에게 땅을 물려주고 작은아들한테는 땅 한 뙈기를 주었어요. 큰아들은 땅을 야금야금 팔아 도시로 나갔고 작은아들은 땅 한 뙈기를 잘 가꾸어 행복하게 살았습니다. 노인은 뒤늦게 후회했으나 소용없는 일이었지요. 가난하다고 고개 숙일 일도 아니고 부자라고 어깨 힘 줄 일도 아닙니다. 도대체 누가 가난한 사람이고 누가 부유한 사람인가요?

우리는 당연한 일에 상을 줍니다. 며느리가 시어머니를 잘 모셨다고 효부상을 주고 경찰이 큰 도둑을 잡았다고 상을 주고 가수가 노래를 잘했다고 상을 주고 배우가 연기를 잘했다고 상을 줍니다. 일등 하는 것보다 꼴찌 하는 게 더 힘든데 왜 꼴찌에겐 상을 주지 않습니까? 상을 주려거든 1등 한 학생에게는 노트 1권, 꼴찌 한 학생에게는 10권을 주세요. 누군가는 1등을 하고 누군가는 꼴찌를 해야 하는데 죄다 1등만 하려고 하면 꼴찌는 누가 하나요? 자기 등수에 고마워하는 법을 배우도록 해야 합니다. 포기하는 게 문제지, 꼴찌는 아무런 문제가 없어요. 꼴찌에 고마워한 줄 알면 1등은 큰 의미가 없습니다. 감자를 많이 수확하든 적게 수확하든 자기가 농사지은 거에 고마워하면 바로 그것이 행복이지요. 숫자놀음은 행복과 아무런 상관이 없습니다. 돈이라는 건 아무리 많이 벌어도 내 돈이 아닙니다. 돈마다 '한국은행'이라고 적혀 있으니 한국은행 돈입니다.

큰 꿈을 품으라는 말에 자기 꿈이 작은 줄 알고 큰 꿈을 따라가는 아이들, 그 때문에 길을 잃은 아이들이 얼마나 많나요? 아이가 충분히 제 길을 갈 수 있는데도 억지로 남의 길을 따라가게 만든 부모들의 욕심이 아이의 길을 망쳤어요. 자식이 잘되기를 바란 게 아니라 자식이 부모의 꿈을 이뤄주길 바란 거지요. 그런 부모들이 놓치는 게 있어요. 농구공만 한 꿈이나 탁구공만 한 꿈이나 저울에 올려놓으면 무게가 같다는 사실입니다.

　사람들이 땅을 받으려고 기다라니 줄을 서 있습니다. 어떤 땅은 기름진 땅이고 어떤 땅은 자갈밭이고 어떤 땅은 메마른 땅입니다. 줄 잘 서면 좋은 땅 받고 줄 잘못 서면 나쁜 땅 받지요. 저는 줄 잘못 서서 자갈밭을 받았습니다. 그렇지만 땅이 없는 사람보다는 낫지요. 저는 땅을 가꾸는 법도 모르면서 땅을 일구었습니다. 노동보다 결과가 좋지 않았어요. 하지만 누군가가 저를 도왔습니다. 저는 지금도 그게 누구인지 모릅니다. 하느님일 수도 있고 제 그림자일 수도 있습니다. 아무튼, 그 누군가가 없었으면 제힘으로는 도저히 일굴 수 없는 땅이었어요. 저는 그 땅에다 노래를 심었습니다. 땅은 정직합니다. 가꾸는 대로 거둘 수 있게 합니다. 저는 운이 좋았습니다. 비도 적당히 내렸고 바람도 적당히 불었지요. 덕분에 자갈밭에서 그런대로 노래를 많이 캤습니다. 한 가지 잘못한 건 수확한 걸 제대로 나누지 못했다는 거지요. 제가 현실성이 없기 때문일 수도 있고 게으르기 때문일 수도 있습니다. 저는 가꾸기만 했을 뿐, 농사는 하늘이 지었습니다. 그런데 사람들은 제가 지은 줄 압니다. 그것이 괴로웠습니다. 유명과 무명의 경계에서 하마터면 제 마음이 황무

지로 변할 뻔했습니다. 첫 마음으로 돌아서니 비로소 마음이 편해졌습니다. 오늘도 저는 저의 소중한 땅을 어루만지며 그분께 고마움을 전합니다. 고맙습니다!

우리에게 땅이 있다면
얼마나 좋을까
울 어머니 살아생전에
작은 땅이라도 있었으면
콩도 심고 팥도 심고
고구마도 심으련만
소중하고 귀중한
우리 땅은 어디에

서울 가신 울 아버지는
왜 아직 안 오실까
나의 꿈이 하나 있다면
자갈밭이라도 좋겠네
오늘도 저 멀리
기차 소리 들리건만
깔담살이 내 꿈은
구름 타고 떠가네

-「땅」, 1980/1989

뒤돌아보는 길

사랑은 버릴지라도
미움은 버리지 마라

간밤에 하늘이 화를 많이 냈다. 무슨 일이 있는 게 틀림없다. 천둥소리가 쉼 없이 들렸고 거기에 뒤질세라 번개도 번쩍거렸다. 나는 빗소리에 잠이 들었고 빗소리에 잠을 깼다. 집 앞에 목련 나무가 있는데 잎사귀가 두껍고 좀 커서 그런지 떨어지는 빗소리가 다른 나뭇잎에 비해서 크게 들렸다.

옛날에는 비 자체가 좋았는데 요즘은 빗소리가 나를 슬프게 한다. 이제는 빗소리만 들어도 이 비가 지나가는 비인지 계속 내리는 비인지 대충은 알 수 있다. 지금 내리는 비는 온종일 내리는 비다. 아내는 손주 봐주러 가고 집 안에는 나 혼자다. 빗소리를 안주 삼아 한잔 들이켜니 지난날이 하나둘 떠오른다. 내가 걸어온 길이 초라하긴 해도 지금까지 살아 있다는 게 기적처럼 느껴진다. 후회되는 게 있다면 용기와 사랑이다. 나는 사랑에 인색했으며 스스로 무엇을 해야겠다는 용기가 없었다. 몇 번째인지는 모르겠지만 또 한 번 이렇게 뒤돌아볼 수 있다는 게 얼마나 고마운지 모르겠다. 그냥 앞으로만 걸어갔다면 무언가에 부딪쳐 쓰러졌을 것이다. 예전에도 그렇게 부딪쳐 쓰러진 적이 있었다. 오늘 뒤돌아보는 길에는 무엇이 보이려나?

스물 즈음에 길을 찾지 못해 떠돌았던 기억이 난다. 그런데 지금도 이해할 수 없는 것이 도대체 그때 어느 길로 접어들었기에 내가 지금 노래 만드는 일을 하는지 모르겠다. 가던 길 잠시 멈추고 별을 바라본다. 하늘을 믿지 않았는데 나이 들면서 자꾸만 하늘을 쳐다보게 된다. 나는 내 의지로 노래의 길을 가지 않았다. 혹시 하늘이 인도한 것이 아닐까?

아무리 생각해봐도 이해되지 않는다. 음악 공부도 하지 않은 내가 어떻게 노래를 만들 수 있었던 걸까? 노래뿐만이 아니다. 내 인생 자체가 누군가의 보살핌으로 살았던 것 같다. 만약 그렇지 않았다면 아직도 나는 떠도는 생활을 하고 있었을 것이다.

내가 참 멍청한 짓을 많이 했다. 그래서 자꾸만 고개를 숙이고 다녔는지도 모르겠다. 나는 나에게 주어진 일을 열심히 했다고 생각했는데 사람들은 그렇게 생각하지 않았던 모양이다. 부모님은 공부하는 것이 나에게 주어진 일이라고 생각했고 나는 노래 만드는 일이 나에게 주어진 일이라고 생각했다. 남들처럼 공부하지 않았다는 것이 죄라면 어쩔 수 없는 거지만 노래 만드는 일을 한 것이 죄라면 좀 억울하다는 생각이 들었다. 사실 노래 만드는 일이 나에게 주어진 일이라는 건 허상이었다. 음악 공부도 하지 않고 노래를 만들겠다고 하였으니 무엇에 홀린 것이 분명했다. 까닭이야 어찌 되었든 부모님 가슴에 상처를 남겼으니 죄를 지은 건 맞다. 나도 참 미련하지, 남들처럼 대학 가서 내 할 일을 하면 될 것을 대학은 안 가도 된다고 생각했으니 말이다.

막상 대학을 안 가게 되니까 갈 데가 없었다. 그전까지는 학교라는 놀이터가 있어서 갈 데라도 있었지만 졸업하고 나니 갈 만한 데가 한 군데도 없었다. 죄지은 사람처럼 고개를 떨구고 다녔다. 내 발로 걷고 있는데도 마치 누군가에게 붙잡혀 어디론가 끌려가는 것 같았다. 막막한 세상! 내가 그러한데 아버지 어머니 마음은 오죽하랴. 너는 사회생활을 하지 못할 거라는 아버지의 말이 맞았다. 나에겐 사회 적응력이 하나도 없었다. 만나는 사람마다 첫 물음은 어느 대학을 다니느냐는 거였고 대학을 다니지 않는다고 말하면 모두 다 고개를 돌렸다. 그래도 나는 내가 하고 싶은 일이 있으니 스스로 괜찮다고 생각했다. 하지만 아무리 좋은 차도 면허증이 없으면 소용이 없는 것이었다. 면허증이 필요 없는 자전거가 있지만 자전거 타고 아무리 멀리 달려도 부모님을 위로할 수는 없었다.

그러던 어느 날, 우체부 아저씨가 입영통지서를 전해주고 갔다. 나는 기분이 좋았다. 아무도 나를 거들떠보지 않았는데 나라에서는 나의 존재를 인정해준 것이다. 날 보고 나라를 지키는 군인이 되라고 하니 이 얼마나 고마운 일인가. 그때 내 동무들은 모두 다 대학을 다니고 있었다. 서울대, 고대, 연대, 서강대……. 속마음으로는 그 동무들이 은근히 부러웠는데 이젠 그럴 필요가 없게 되었다. '군대'라는 곳을 가게 되었으니 말이다.

    병역의 의무를 마치고 세상 밖으로 나왔다. 길은 낯설고 험했다. 나는 수족관에서 튀어나온 물고기처럼 여전히 세상에 적응하지 못하고 퍼덕거렸다. 하지만 아무에게도 도움을 청할 수가 없었다. 아마 스무 살 훨씬 전부터 그렇게 퍼덕거렸는지 모르겠다. 그때는 내 발이 어디로 가는지 몰랐고 그게 창피해서 자꾸만 사람을 피해 다녔다. 설사 내가 다른 길을 걷는다고 해도 퍼덕거리는 걸 어찌할 수 없었을 것이다. 길가에 띄엄띄엄 서 있는 미루나무를 보고 커다란 빗자루라고 생각했다. 어쩌다 화물차라도 한 대 지나가면 길에서 흙먼지가 뿌옇게 일어났다. 먼지는 내 몸에 내려앉았고 그럴 때마다 비가 그리웠다. 갈 곳도 모른 채 걸어간다는 것이 그렇게 힘든 것인 줄 몰랐다. 그냥 걷다 보면 어디서 꿈이 나타날 줄 알았다. 바람 한 점 없는 무더운 날씨, 기껏 생각한다는 게 빗자루처럼 생긴 미루나무 뽑아서 흐린 하늘을 쓸고 싶다는 것이었으니 참으로 한심한 시절을 보냈다.

기타를 잘 치는 사람이 있었다. 나는 그 사람과 함께 노래 작업을 하고 싶었다. 그래서 그 사람이 있는 곳을 수소문하여 도움을 청했다. 하지만 뜻을 이루지 못했다. 서운하기는 했으나 나에게도 문제는 있었다. 노래가 어느 정도 수준이 되어야 작업할 생각이 드는 거지, 수준도 안 되는 노래를 들고 와서 함께 작업하자고 했으니……. 그 사람과 작업을 하면 참 좋았을 거라는 생각은 했지만 그건 내 생각이고 안 되는 건 안 되는 거였다. 쉽게 말하자면, 내가 유명한 가수를 찾아가 내 노래를 불러달라고 한다면 그러자고 하겠는가? 나는 남의 입장을 생각지 않고 내 입장만 생각하는 좋지 않은 버릇이 있었다.

내 음반이 처음으로 세상에 나온 것은 1980년 5월이다. 음악 하는 사람들과의 교류도 거의 없어 회사에서 진행하는 대로 녹음을 마쳤다. 하지만 음반이 나왔어도 곧바로 방송을 타는 건 아니었다. 어떤 방송국에서는 별도의 오디션을 따로 보았다. 음반이 방송에 적합한지를 확인하는 절차였다. 당연히 통과될 줄 알았는데 불합격이었다. 두 번째 오디션에서도 떨어지고 세 번째에도 떨어졌다. 결국, 나의 첫 음반은 방송 금지로 끝나고 말았다. 그 시절 '사상 불순'으로 방송 금지되는 음반들이 있었는데 사람들은 내 음반도 그렇게 된 줄 알고 동정하기까지 했다. 이제 와 고백하자면 나는 '사상 불순'이 아니라 '가창력 부족'으로 떨어진 것이었다. 회사에서는 나의 가창력 부족 때문에 손해를 보았다. 나는 고개를 떨구고 회사를 떠났다. 차라리 사상 불순으로 방송 금지가 되었더라면 명분이라도 남겠지만 가창력 부족이 뭐란 말인가. 그 일이 있고 난 뒤 나는 가수의 꿈을 접었다. 물론 나중에 다시 노래를 부르기는 했으나 그것은 기록으로 남기자는 의미였을 뿐 가수의 입장은 아니었다.

바람이 몹시 찬 겨울이었지. 산에서 길을 헤매다가 멀리서 반짝이는 불빛을 보았다. 그 불빛을 찾아 문을 두드렸다. 할머니가 문을 열어주었다. 하룻밤만 쉬어 가게 해달라고 말했다. 방 안에 조그만 난로가 있었고 난로 위에 있는 주전자에서는 김이 피어올랐다. 할머니가 날 보고 이런 날씨에 무슨 산을 다니냐면서 뜨거운 차를 내왔다. 찻잔이 아니라 국그릇에다 담아낸 차였다. 후후 불면서 조금씩, 조금씩 다 마셨다. 얼었던 몸이 서서히 풀어지더니 곧바로 눕고 싶어졌다. 이튿날 아침 할머니에게 어제 마신 차가 무슨 차냐고 물었더니 콩나물 차라는 것이었다. 그립다! 나를 따듯하게 맞이해주던 할머니 그리고 그 맑은 콩나물 차!

    내가 자취하던 방은 꽤 추웠다. 창문이 깨졌는데 주인은 갈아줄 생각을 하지 않았다. 하루이틀 기다리다가 추운 겨울을 그대로 보내고 말았는데 그때 나를 따뜻하게 해준 동무가 바로 조그만 석유 난로였다. 석유 난로에서 풍기는 은은한 냄새와 포근한 불빛은 날마다 추운 내 마음을 위로해주었다. 그 시절 지녔던 감정들! 그 감정을 지금 다시 느끼고 싶은데 도무지 생겨나지 않는다. 아, 어디로 갔나? 순수했던 그 감정들! 다시 돌아가고 싶다. 춥고 가난했던 그 시절로.

    통영에서 멸치 사업을 하는 선배가 일자리가 생겼으니 내려오라고 한다. 아버지한테 말했더니 통영 가서 또 간첩으로 잡힐 거냐면서 손사래를 친다. 지난날 부천에서 간첩으로 잡힌 것이 문제였다. 통영 가서 열심히 사는 나의 모습을 보여주고 싶었는데 효라는 놈마저 내 발목을 꽉 잡고 놔주질 않았다. 약방에 갇혀 10년! 나는 아버지를 많이 미워했다. 아무리 내가 못마땅하더라도 이렇게 가두어놓다니! 세월이 흘러 나도 아버지가 되었다. 그러던 어느 날 마음속에 지니고 있었던 아버지에 대한 미움이 사랑으로 바뀌고 있다는 걸 알게 되었다. 아버지한테 끌려와 약방에서 10년을 보내면서 만든 노래들이 꽤 되었다. 그때 만약 아버지가 나를 약방에 가둬놓지 않았다면 그 노래들을 만들지 못했을 것이다. 그런 생각을 하니 새삼스레 아버지가 그립다. 사랑은 버릴지라도 미움은 함부로 버릴 것이 아니다.

장가갈 준비를 하라는 아버지 말에 결혼하지 않고 평생 혼자 살 거라고 답했다. 아버지는 내 얘기를 들은 체도 않고 며칠 뒤 선을 보게 하였다. 영등포역 근처 어느 다방에서 중매를 선 아주머니와 참한 여자를 만났다. 중매 아주머니는 서로의 소개를 끝내고 자리를 떴다. 나는 어떻게 할지를 몰라서 머뭇거리다가 난지도 구경을 가지 않겠느냐고 말했다. 오래전부터 난지도를 보고 싶었는데 마침 잘 됐다 싶어 그곳으로 향했다. 난지도에 도착하자 그녀도 당황했고 나도 당황했다. 그녀는 집으로 가겠다고 말했다. 그녀를 바래다주고 나는 천천히 난지도를 둘러보았다. 이번 아니면 다시 올 기회가 없다고 생각했기에. 다음 날 아버지가 말했다. 넌 어떻게 된 애가 여자를 데리고 쓰레기장을 간단 말이냐? 나는 아버지한테 온종일 야단을 맞았다. 말이 없던 어머니도 한마디 했다. 그렇게 갈 데가 없더냐? 나는 난지도가 섬인 줄 알았다.

아무렇게 생각해도 하루가 지나가는 그런 인생, 뒤돌아보니 내 마음에 사랑이 없었구나. 사랑보다 이해를, 이해보다는 눈맞춤이 먼저인데 나는 그걸 무시하고 아이를 키웠다. 돈 벌어다 주면 아내가 알아서 하겠지, 아이들은 저절로 크겠지, 그렇게 내 마음대로 생각했으니 나는 얼마나 불성실한 남편이고 못난 아버지인가! 그렇다고 돈을 잘 벌어다 준 것도 아니었다. 아이들과 아내를 이해하지 못하고 살았다는 게 부끄럽고 눈 한번 정답게 맞추지 않고 살았다는 게 후회되고 그런 내가 못마땅해서 화도 난다.

그냥 바람 부는 대로 흘렀더라면 여러 동무라도 사귀었겠지만 나는 바람길을 벗어나 따로 혼자서 흘렀다. 그건 자유가 아니다. 내가 자유를 누리려고 했다면 바람 부는 대로 흘러야 했다. 이 사람 얘기도 듣고 저 사람 얘기도 듣고 그래야 하는데, 그런 게 없으니까 내가 뭘 잘못했는지도 모르고 산 것 같다. 나에게 스승이 있으면 얼마나 좋을까? 그런 생각을 몇 번 했었는데 내가 생각해봐도 나는 제자가 되기에는 기본이 없었다. 그러니 나처럼 기본이 없는 놈을 누가 가르치려고 하겠는가? 새해에는 좀 더 열심히 살려고 했는데 한 일도 없이 또 한 해가 저문다. 나 같은 놈은 슬프다는 말 함부로 하면 안 된다. 무언가 열심히 일한 사람이 그런 말을 할 수 있는 거지, 나처럼 아무 일도 하지 않은 사람이 그런 말을 하면 하느님한테 혼날 것 같다. 그동안 하느님이 나를 많이 돌봐주었는데 이젠 철 좀 들어야 하지 않겠나.

　뒤돌아보면 열심히 걸었던 기억이 없다. 끝까지 올라간 계단이 없고 평지 길도 억지로 걸었다. 나이를 앞세워 나의 모자람을 감추고 있지만, 솔직히 말해서 내 인생이 참 보잘것없다. 이젠 하늘에 기대지 말고 혼자 걸어야 한다. 지금까지 살면서 몇 번 뉘우쳤는데 실천은 없었고 되풀이만 있었다. 이제는 내려가는 길이다. 뒤돌아보지 말자. 뒤돌아본들 언덕에서 뒤돌아보던 내 모습만 보일 것이다. 뒤돌아볼 기운이 남아 있다면 그 기운을 앞으로 살길에 보태야 한다. 오늘 아침에도 오늘 하루 열심히 살자고 다짐했는데 벌써 잘 시간이다. 한 해가 저무는 것보다 소중한 건 오늘 하루이며 밝아오는 새해보다 소중한 것도 오늘 하루이다. 후회할 일 하지 말고 오늘을 고맙게 여기며 살아야 할 것이다.

　오랜만에 지리산을 간다. 옛날엔 막무가내로 올랐는데 지금은 한 발 한 발 조심스럽게 오른다. 나이 때문에 조심하는 게 아니라 언제 다시 올지 몰라 한 발 한 발 소중하게 걷는다. 옛 산이 기억이 없다는 건 막무가내로 올랐기 때문이다. 내 발자국을 기억에 남기려면 천천히 걸어야 한다. 장터목 산장에서 쉬고 있는데 문득 지난날의 내 모습이 보인다. 모자를 푹 눌러 쓴 채 길을 걸어가는 모습, 바람에 휘청대는 나무를 바라보는 모습, 갈 곳이 없어서 하루 내내 걸었던 일. 그때 내 나이 스물하나, 내 모습을 잊어버린 지 오래인데 이제 와 그 모습이 보이는 건 무슨 까닭일까? 지쳐 쓰러진 그림자를 일으켜 세우기는커녕 억지로 끌고 다녔다. 땅바닥에 쓸린 그림자는 많은 상처를 입었겠구나. 내 속에 그런 못됨이 있는 줄 몰랐다. 그날 밤 집에 돌아와 아무 이유도 없이 울었지. 그림자를 생각하며 기타를 잡았다. 나를 용서해달라고 말했다. 지금도 나는 새로움을 보지 못하고 초점이 맞지 않는 흐릿함만 본다. 내 눈이 나쁜 건가, 아니면 내 인생을 사랑하지 않는 건가? 한 번뿐인 인생인데 어떻게 그렇게 살았는지 모르겠다. 산에서 내려와 뒤돌아본다. 언제 다시 올지 모르겠지만 그래도 산이 있어서 내가 살았는지 모르겠다.

🎵 미련 갖지 않으리라 지나버린 세월에
사랑도 명예도 부질없는 생각이야
속절없는 사랑이여 빛깔 없는 말들이여
바람은 어디서 어디까지 불어가나
내 인생은 꿈길에서
길을 헤매는 바람이던가
아하, 안타까운 내 청춘
고갯길 넘어서 간다

-「뒤돌아보는 길」, 1990

헛꿈

보일 듯 잡히지 않는
그대는 누구인가

대학에 가면 철학 수업도 듣고 작곡 수업도 듣고 여건이 되면 그림 수업도 듣고 할 수 있는 건 다 해볼 생각이었다. 이런 계획은 오로지 노래를 위함이었다. 노래를 위해서라면 자연과학 수업까지 들을 생각이었다. 그야말로 의욕이 넘쳐 흘렀다. 이것을 실현하려면 대학에 가야 하고 대학에 가려면 학교 공부를 열심히 해야 한다. 그런데 발목을 잡는 게 있었으니 바로 학교 공부였다. 노래를 위해서라면 뭐든지 배울 생각이라면서 마땅히 해야 할 학교 공부는 하기 싫은 것이다. 그건 노래 못하는 아이가 가수 되겠다는 것과 다를 게 없었다.

웬 아이가 버스 정류장을 향해 달린다. 정류장에 도착할 무렵 버스는 사람들을 태우고 떠난다. 아이는 발을 동동 구르며 다음 버스가 오기를 기다린다. 그사이 사람들이 버스 정류장에 모여들었다. 버스가 도착하자 사람들이 우르르 올라탔다. 아이는 사람들한테 밀려났다. 버스는 떠나고 아이는 또 한숨을 쉰다. 하는 수 없다고 생각한 아이는 마침 지나가는 경찰차를 세웠다. 시간이 늦었다고 사정을 얘기하니 도와주었다. 그날은 예비고사(오늘날의 수능시험) 보는 날이었다. 아이는 정신을 어디에다 팔아먹었는지 기차를 타야 한다는 망상에 사로잡혀 있었다. 경찰이 학교 교문 앞에 내려주었다. 아이는 거기가 기차역인 줄 알고 온 힘을 다해 뛰었다. 교문 앞에 서 있는 선생님이 검표하는 역무원으로 보였다. 첫 시간 시작종이 울렸다. 시험지의 글자가 눈에 들어오지 않고 머릿속에서는 기차 가는 소리만 들렸다. 아이는 멍하니 떠나가는 기차를 바라보았다. 그제야 승차권이 없다는 걸 알아차린다. 사실 아이는 아무 준비도 없이 기차를 타고 싶어서 달려온 것이었다. 어디로 가는지도 모른 채, 기차를 타기만 하면 좋은 꿈을 만날 수 있다고 생각한 것이다. 아무리 그렇다쳐도 승차권이 있어야 기차를 타지 않겠는가? 시험이 끝날 때까지 아이는 망상에서 벗어나지 못했다.

시험을 마치고 교문 밖을 나서는데 여기저기 사람들이 모여 있었다. 아이는 기차역에 마중하러 나온 사람들이라고 생각했다. 하지만 아무리 둘러봐도 아이를 마중 나온 사람은 없었다. 그때 어떤 여자가 아이한테 다가와서는 다짜고짜 내년에 같이 기차를 타자고 말을 건넨다. 세상에 이런 고마운 사람이 다 있다니……. 아이는 그녀를 수호천사라고 생각했다. 이름을 물어보니 '꿈'이라고 말한다. 이름이 참 예쁘다고 했더니 방긋 웃는다. 아이는 그 웃음에 빠져 허구한 날 그 여자만 생각했다. 내년에는 꼭 그녀와 함께 기차를 타겠노라고 다짐하면서 꿈길에서 그녀를 기다렸다. 하지만 그녀는 꿈속에 단 한 번도 나타나지 않았다. 그래도 아이는 밤마다 그녀를 기다렸다. 그러다가 점점 그녀의 모습이 희미해져갔다. 그러던 어느 날 생각지도 않게 그녀가 나타났다. 아이는 너무 기뻐서 달려가 그녀의 손을 잡았다. 그런데 그녀의 손이 물처럼 빠져나갔다. 그녀가 길모퉁이에서 사라지자 아이는 다시 달려가 그녀의 손을 잡았다. 이번에도 물처럼 빠져나갔다. 그녀는 아랑곳하지 않고 어두운 숲속으로 들어갔다. 나무 사이로 그녀의 모습이 보였다가 사라지곤 하였다. 아무리 꿈속이라지만 너무 야속했다. 보일 듯 잡히지 않는 그대는 누구인가? 아이는 심하게 요동치는 가슴을 쓸어내리면서 잠을 깼다.

우리 학교 졸업생(720명) 가운데 예비고사에서 떨어진 아이가 세 명 있었는데 그 가운데 한 명이 나였다. 시무룩한 내 얼굴을 보며 아버지가 말했다. "기술을 배우든가 해라. 공부는 틀렸다." 아버지 말투는 언제나 무뚝뚝했다. 하지만 아버지 말이 맞았다. 오로지 기차만 타려고 하는 나의 못된 생각을 아버지는 알고 있었다. 남의 물건을 훔치는 사람만 도둑이 아니었다. 꿈을 훔치려고 양심을 저버린 나 같은 놈은 날도둑이나 다름없었다. 승차권도 없이 기차를 타려고 했으니 정신 나간 놈 아닌가?

이듬해 나는 다시 기차를 타러 갔다. 기차를 못 탈까 봐

이른 새벽부터 기차를 기다리고 있는데 생각하지도 않게 지난해 만났던 수호천사를 만났다. 그녀는 내 손을 잡고 반갑다며 보고 싶었다며 눈물을 글썽거렸다. 나는 그 말에 정신을 못 차리고 어찌할 바를 몰라 쩔쩔맸다. 그런데 그녀가 갑자기 나를 껴안더니 자기를 사랑해달라고 말하는 것이었다. 나는 놀라서 주저앉을 뻔했다. 태어나서 자기를 사랑해달라는 여자를 처음 보았다. 나도 흥분하여 그녀를 꼭 껴안았다. 서로 두 손을 꼭 잡고 기차를 타러 갔다. 그런데 나는 개찰구를 통과할 수 없었다. 그렇게 겪었으면서도 또 정신을 차리지 못하고 승차권을 준비하지 않은 것이다. 안타깝게도 혼자 기차를 타러 가는 그녀를 멍하니 바라볼 수밖에 없었다. 창가에 앉은 그녀가 울먹이면서 손을 흔들었고 나도 울먹이면서 손을 흔들었다. 아, 나는 왜 이렇게 엉터리로 사는가? 기차는 그렇게 떠나고 말았다. 앙상한 가지에 매달려 있는 마른 잎 하나가 바르르 나부끼다가 빈 철길에 힘없이 떨어졌다. 가엾은 나의 인생을 보는 것 같았다.

고등학교 1학년, 교내 체육 대회 하는 날이었다. 교문에서 출발하여 안국동 로터리를 돌아서 오는 단축 마라톤이 있었다. 아이들 대부분은 달리는 척하다가 학교 근처에서 쉬고 있었다. 나는 그 아이들을 치사하다고 생각했다. 하지만 얼마 달리지 않아서 나도 그들과 똑같은 치사한 인간이 되고 말았다. 경복궁을 지날 때 동무들의 꼬임에 빠져 학교 가는 버스를 타고 말았으니까. 양심에 걸렸지만 이미 버스를 탔고 학교 앞에서 내려서는 뻔뻔스럽게도 교문을 향해 달리고 있었다. 버스를 함께 타고 온 동무들은 나랑 달리지 않고 학교 근처에서 쉬고 있었다. 이럴 거면 처음부터 학교 근처에서 쉴 것이지, 뭐 하러 힘들게 멀리 가서 버스를 타고 왔는지 모를 일이었다. 처음부터 달리기를 포기하고 쉬고 있었던 아이들은 오히려 솔직한 편이었다. 나는 양심이 흐느끼는 소리를 들으며 골인 지점을 향해 달렸다. 내가 달리는 것이 아니라 내 발이 나를 데리고 달리는 것 같았다.

난 그냥 아무 생각 없이 달렸는데 계획에도 없는 3등을 하고 말았다. 내가 3등 할 놈이 아니라는 걸 알고 있던 선생님이 내 손바닥을 보고는 머리를 툭 쳤다. 1등, 2등 한 아이들은 반환점에서 받은 도장이 찍혀 있었는데 나는 그 도장이 없는 것이었다. 괜히 3등을 해서는 선생님에게 야단만 맞았다. 동무들이 나를 꼬드겨서 그랬다는 핑계를 대려고 했지만 그래 봤자 나를 속인 건 나 자신 아닌가? 그러므로 나는 나를 꼬드긴 동무들 이름을 댈 수도 없고 미워할 수도 없다. ㅡ그 동무들은 나처럼 골인 지점을 향해 달리지도 않았고 느긋하게 걸어 들어갔다.ㅡ 뒤늦게 원망한들 무엇 하랴, 내가 온전치 못했던 것을. '오늘 나는 내가 나를 속이는 것을 똑똑히 보았다!' 그날 밤, 나는 잠을 이루지 못했다. 그나마 반성이라도 할 수 있었다는 것이 다행이라면 다행이었다.

    나는 아무런 노력도 없이 꿈을 이루려는 나쁜 마음을 지니고 있었다. 마라톤 한다는 놈이 버스를 탔다는 건 힘들게 달리지 않고 등수 안에 들어보겠다는 것 아닌가? 그런 거지 같은 심보를 지니고 있으니 헛꿈을 꾸는 게지. 대학 갈 실력도 없는 놈이 대학생이 되는 꿈을 꾸고 있는 것도 마찬가지지. 기차를 타기만 하면 꿈이 이루어진다니, 이거 내가 좀 모자라는 놈 아닌가? 아무리 그래도 그렇지, 어떻게 그런 말도 안 되는 생각을 하는지 모르겠다. 가고픈 곳에 가려면 걸어서라도 가야겠다는 간절함이 있어야지, 그냥 편안하게 기차 타고 가겠다는 거잖아. 그것도 승차권 없이. 합기도를 배울 때도 그랬다. 그때가 중학교 2학년이었는데 차근차근 배워 유단자가 되겠다는 생각은 하지 않고 허구한 날 검은 띠 두를 생각만 했다. 당연히 유단자는 되지 못했지. 꾸준함도 없고 기다림도 없는데 어떻게 유단자가 될 수 있겠나? 어릴 때부터 망상이 따라다닌 게 틀림없었다. 그 시절 나는 빨간불일 때 건너는 게 자유인 줄 알았다. 그런 걸 보면 망상이 내 젊음을 얼마나 망가트렸는지를 알 수 있다. 이 지긋지긋한 망상에서 벗어나려면 먼저 기차를 타야겠다는 생각을 버려야 한다. 치료 약도 없고, 치료해주는 의사도 없으니 내가 스스로 치료하지 않으면 안 되는 병이었다.

나는 내가 무슨 재능을 지니고 있는지도 모르면서 봉우리에 오르려고 했다. 그것도 내가 오르고 싶은 봉우리를 오르려고 한 것이 아니라 아무 봉우리나 오르려고 했다. 지금도 나는 그것이 창피하다. 언젠가 나에게 그런 마음으로는 오르지 말라고 했던 사람이 있었는데 나는 봉우리에 오르는 망상에 젖어 그 말을 무시했다. 이제 와 생각하니 그 사람이 참 고마운 사람이다. 지금이라도 그 사람을 찾아가 인사하고 싶지만 그러기에는 세월이 많이 흘렀고 설사 만난다 해도 창피해서 그 사람을 바라볼 염치가 없다.

지금 생각하니 참 슬프다. 내가 공부하지 않아서 대학에 못 간 걸 가지고 교육 탓만 하고 있었으니 그건 핑계도 아니다. 그렇다고 우리나라 교육이 올바르다는 생각은 아니다. 지금도 나는 우리나라 교육을 못마땅하게 생각한다. 사람살이를 풍요롭게 하는 건 경제보다는 교육이라고 생각하기 때문이다. 나는 교육의 피해자가 아니다. 난 그저 망상에 사로잡혀 젊음을 망친 사람일 뿐이다. 하지만 우리나라 교육 정책이 빨리 바뀌기를 바라는 마음에는 변함이 없다. 나를 보라! 승차권도 없이 기차를 타려고 하는 이런 엉터리 청춘은 더 이상 생겨나서는 아니 되는 것이다.

망상이 나를 데리고 헛꿈이 사는 마을에 갔다. 그동안 수도 없이 망상을 원망했는데 이번만큼은 참 잘했다는 생각이 들었다. 그 마을에 며칠 머물면서 알게 된 사실, 세상에 헛꿈들이 그렇게 많은 줄 몰랐다. 그곳에서 나의 헛꿈을 보니까 눈물이 앞을 가려 볼 수가 없었다. 하루는 고개를 쳐들고 내 별을 찾아보기로 했다. 저렇게 별들이 많은데 나에게 반짝거리는 별들이 하나도 없구나! 헛꿈을 꾼 자에게는 별들이 반짝이지 않는가 보다. 그러던 어느 날 하늘에서 들려오는 별들의 노랫소리를 듣게 되었다. 하늘의 은덕을 받았는지 눈물을 펑펑 흘리며 고개를 숙이고 용서를 빌었다. 그 일이 있고 나서부터는 더 이상 기차를 기다리지 않았다.

그 마을에 오래된 기차역이 있었다. 이런 마을에도 기차가 다니나 했다. 그때 기적을 울리며 기차가 도착했다. 내가 타고 갈 기차는 아니지만 참으로 궁금한 기차였다. 기차에서 헛꿈들이 내린다. 아하, 이 기차는 헛꿈을 실어 나르는 기차구나. 그런데 어디서 많이 본 여자가 헛꿈들을 데리고 기차에서 내린다. 언젠가 나랑 같이 기차를 타자고 했던 바로 그 여자다. 수호천사! 아니 저 여자가? 알고 보니 수호천사가 아니라 헛꿈 마을의 끄나풀이었군. 그녀가 나를 보자 피한다. 내가 그녀를 쫓아가려 하자 어떤 노인이 내 앞을 가로막으며 말을 건넨다.

"그 여자의 이름은 '꿈'이 아니라 '헛꿈'이라네."

느닷없는 노인의 말에 나는 깜짝 놀랐다. 무얼 하는 노인이기에 내게 그런 말을 해주는 걸까? 헛꿈은 허깨비와 비슷해서 몸과 마음이 허한 사람한테 걸리는 병이다. 굳이 다른 게 있다면 허깨비가 보이는 사람은 제 몸이 허하다는 걸 느낄 수 있지만, 헛꿈을 꾸는 사람은 제 마음이 병든 걸 느끼지 못한다. 그러니까 헛꿈을 꾸는 사람은 허깨비가 보이는 사람보다 더 허약한 사람이다. 노인이 내 눈을 쳐다보며 다시 말했다.

"꿈 조심하게!"

노인은 무섭지 않았는데 세상에 그렇게 무서운 말은 처음 들어보았다. 어떻게 꿈을 조심하라는 말을 할 수 있을까? 그렇다면 꿈이 나를 해칠 수도 있다는 말이 아닌가? 그 노인에게 꿈을 어떻게 조심해야 하는지를 물어보려고 했으나 노인은 사라진 뒤였다.

망상을 잡아다가 죽이고 싶었다. 하지만 망상을 어떻게 잡는지도 모르겠고 설령 잡았다 하더라도 죽일 명분이 없었다. 망상은 제 역할을 했을 뿐 죄가 없다. 죄가 있다면 망상이 내 마음에 스며드는 것을 막지 못한 내게 있다. 내가 더 이상 기차를 타려고 하지 않자 망상은 내 마음에서 사라졌다. 꿈은 내 인생을 감싸주고 보호해주는 좋은 벗이다. 그런데 그런 꿈을 남한테 보여주는 도구로 사용했으니 망상의 노리개가 된 것이다. 사랑하는 청소년들이여, 혹시라도 '꿈'이라는 다정한 사람을 만나거든 섣불리 사랑하지 말게나. 그 '꿈'의 앞 글자가 '헛'일 수도 있을 테니…….

이미 떠나버린 기차를 보면서
내가 걸어온 길을 생각해본다
나는 무엇을 찾아 어디로 가는가
꿈도 희망도 없이 헤매고 있었지
어디로 가는지도 모르면서
기차를 기다리는 너
상처 난 양심의 흐느끼는 소리
진실을 생각해보라

또 다른 기차가 기적을 울리네
나를 끌고 가는 욕망의 그림자
서글픈 계절에 낙엽이 우수수
꿈들이 떨어져 바람에 날리네
기차는 무정하게 지나가고
철길만 눈에 보이네
길 잃은 철새는 어디로 가려나
가엾은 나의 인생아

음음음, 알았네, 나의 헛된 꿈을
이제는 기차를 기다리지 말자

나는 걸어가리라 바람 소리 들으며

어린 날의 내 별도 찾아보리라

저 거친 광야에서 부는 바람

이제는 두렵지 않아

눈보라 헤치며 내 꿈을 찾는다

누구를 원망하랴

-「헛꿈」, 1980/2025

쓸쓸한 사람

얼룩진 빛보다는
순수한 어둠이 낫다

　우중충한 거리에서 꿈을 파는 여자아이가 있었어. 힘없이 터벅터벅 걸어가는데 여자아이가 다가와서는 꿈 한 송이를 내미는 거야. 돈이 없다고 하자 그냥 드리는 거라면서 살짝 웃는 거야. 어찌나 귀엽던지. 그런데 이 바보가 사랑은 팔지 않느냐고 물어본 거야. 그때 나는 꿈보다는 사랑이 필요

했거든. 아이는 실망하는 표정을 지으며 내게 내밀었던 꿈을 도로 가져갔어. 뒤돌아가는 여자아이의 뒷모습이 어찌나 슬퍼 보였던지 나는 곧 후회하고 말았지. 뒤쫓아갔으나 아이는 어둠 속으로 사라졌어. 그때 꿈을 받았어야 하는 건데……. 그 아이가 다른 사람들을 제쳐두고 나한테 준 꿈이잖아. 이튿날 저녁, 여자아이를 만나러 그 거리에 갔는데 보이지 않았어. 다음 날도, 다음 날도 마찬가지였어. 한 달, 두 달이 지나도 나타나지 않자 나는 그 아이를 찾아 길을 나섰어. 여기서 멀지 않은 어딘가에 살고 있으리라 믿었지. 찾는다고 해도 그 꿈을 다시 받을 수 있을지는 모르겠지만 말이야. 어느 날이었어. 드디어 그 아이를 찾았어. 멀지 않은 가까운 산에서 우연히 그 아이가 사는 집을 찾았지. 물 한 잔 얻어 마시려고 들어갔는데 그 아이가 거기에 있는 거야. 그 아이는 나를 보자 뒤돌아 가버렸어. 아직도 나에 대한 실망을 기억하고 있었던 거지. 마루 한구석에 바짝 마른 꿈들이 가지런히 놓여 있었어. 그 가운데 낯익은 꿈 한 송이가 나를 쳐다보고 있는 거야. 그 바짝 마른 꿈을 가지고 돌아서는데 쓸쓸함이 가슴을 콕 찔렀어. 꿈이 이렇게 바짝 마를 때까지 나는 무얼 했나? 그 아이는 내가 찾아오리라는 걸 알고 있었던 것 같아. 문득 그 아이가 고맙다는 생각이 드는 거야. 그 아이 덕분에 마른 꿈이라도 만져보게 되었으니 말이야. 그 아이는 전령사였어. 나에게 꿈을 전해주려고 나타난…….

시든 꿈을 안고 산길을 내려가는데 어떤 여자가 길을 막으며 말을 걸었어. 시든 꿈을 되살려 준다는 거야. 나는 당황하여 들고 있던 꿈을 감췄지. 하지만 이미 그 여자는 나의 시든 꿈을 보았어. 그녀는 꿈을 되살려주는 대가로 사랑을 요구했어. 사랑이 없다고 하자 눈 깜짝할 사이에 내 꿈을 빼앗아 땅바닥에 던져버렸어. 내 마른 꿈은 그렇게 부서지고 말았지. 참 못된 여자였어. 겨우 찾은 꿈을 잃게 되자 나는 다시 떠돌기 시작했지. 이제 꿈을 찾아 떠난다는 말은 하지 말아야겠어. 그 말은 말 같지도 않은 말이야. 떠돈다는 명분이 없으니까 그럴듯한 말을 찾아낸 것뿐이야.

지난날을 생각하면 지금까지 어떻게 살았나 싶다. 쓸쓸함은 사라지지 않고 기억 속에 차곡차곡 쌓여 내가 방황할 때마다 나타나곤 한다. 요즈음 내가 말이 많아졌다. 식탁에서 홀로 술을 마시다가 유리창에 비친 내 얼굴을 보고 말을 걸기도 하고, 동무들하고 술 마실 때도 끼어들기를 곧잘 한다. 그러면 "야, 너 옛날에는 말도 잘 안 하더니만 많이 늘었구나."하고 웃는다. 늙으면 말이 많아지는가? 일흔 고개를 넘어가는데 몸도 예전 같지 않고 근육도 많이 빠졌다. 혹시 근육과 함께 나의 뇌도 쪼그라든 것 아닐까? 빈 깡통 소리를 내며 일흔 고개를 넘어가는 내 그림자! 예전에는 쓸쓸함을 즐거움으로 바꾸는 재주가 있었는데 이제는 그마저 고장이 났는지 작동이 잘 안 된다.

    별로 재미도 없는 영화가 상영관을 점령한 게 쓸쓸하고 정말 괜찮은 영화가 상영관에서 밀려나는 게 쓸쓸하다. 폐지로 버려지는 책과 신문이 쓸쓸하고 요란한 텔레비전, 라디오도 쓸쓸하다. 오늘은 한글날, 태극기를 걸었는데 펄럭이지 않는다. 축 늘어진 태극기가 쓸쓸하고 광화문 광장에서 한숨짓는 세종대왕도 쓸쓸하다. 가는 길도 모르고 달려만 가는 우리나라가 쓸쓸하고 더 높이, 더 빠르게 꿈을 이루려는 아이들이 쓸쓸하다. 다시 어둠 속으로 돌아가야겠다. 어둠 속에서 희미하게나마 보였던 길이 빛 속에서는 아예 보이지 않는구나. 어둠이어서 외롭다고 생각했는데 막상 빛을 보니 더 외롭네. 쓸쓸함에도 결이 있나 보다. 예전의 쓸쓸함은 따뜻함이라는 게 있었는데 오늘 맞이하는 쓸쓸함은 춥기만 하다.

거짓도 힘 생기면 진실이 되고 배신도 힘 생기면 의리가 된다. 나는 거짓과 싸우지 못하고 배신과 싸우지 못한다. 그래서 쓸쓸하다. 도시의 불빛이 한꺼번에 꺼진 것처럼 나라가 어둠에 갇혔다. 십이십이오일팔! 불 꺼진 민주의 조명, 종교의 조명, 자유의 조명 이제 누가 조명등을 갈아 끼울 것인가? 민주를 앞세운 사람들, 신을 앞세운 사람들 무슨 약을 먹었는지 그들의 힘이 보통 센 게 아니다. 어찌 보면 속이는 사람보다 속는 사람들이 더 어리석다. 사랑이든 외로움이든 숙성이 필요한데 그것을 소홀히 여기니 참맛을 모르는 것이다. 나라와 백성도 마찬가지다. 숙성 과정을 거치지 않으니 정서가 없는 것이다. 김치 먹는 나라가 김치가 어떻게 익는지 모르다니 그게 말이 되나? 백성이 쓸쓸한 건 나라 탓이고 나라가 쓸쓸한 건 백성 탓이다.

누가 나한테 물었다. 쓸쓸함과 외로움은 어떻게 다르냐고? 쓸쓸함은 그리움이고 외로움은 눈물이라고 말해주었다. 외로움은 나와 한 몸일 때가 있지만 쓸쓸함은 저만치서 나를 바라보기만 한다. 몇 번인가 손을 내밀어 쓸쓸함을 만져보려고 했는데 그때마다 쓸쓸함은 한 발 뒤로 물러섰다. 학교 다닐 때 공부하지 않은 것, 부모의 사랑을 알지 못한 것, 아내의 마음을 헤아리지 못한 것, 아이와 놀아주지 않은 것 그때의 잘못을 뉘우치니 닭살처럼 쓸쓸함이 돋는다.

　오늘 만난 슬픔을 몇 달, 몇 년 뒤에나 알아차리는 이상한 뇌를 가진 나는 세월이 흐르고 나서야 어두운 굴속을 걷고 있었다는 것을 알았다. 푸른 하늘 보고도 흐리다고 하던 시절이었다. 아무리 그렇더라도 길과 굴을 구별하지 못하다니? 도대체 나는 무슨 병에 걸렸던 걸까? 나는 현실을 바라보는 눈이 거의 퇴화했고 살아남은 몇 가지 감각으로 아슬아슬하게 굴속을 걸었다. 이상한 물체와 부딪치기도 했지만, 하늘이 도와 용케 살아남았다. 어느 날 저절로 굴 밖으로 나왔는데 눈이 부셔서 세상을 제대로 보지 못했다. 어둠 속에서는 감각으로나마 걸을 수 있었지만 밝은 세상에서는 그 감각이 무뎌지고 되레 어디로 갈지 몰라서 두리번거렸다. 내 힘으로 빛을 만난 건 아니지만 빛이라는 것도 쓸쓸함을 어루만져주지는 못했다. 얼룩진 빛보다는 순수한 어둠이 낫다는 생각이 들었다. 저 멀리 등댓불을 싸안은 어둠처럼.

　비 내리는 어느 날, 다섯 살 아이가 말했다. 아버지 전깃줄이 땀을 흘려요, 전깃줄에 맺힌 빗방울을 바라보니 정말 그런 것 같았다. 그러던 아이가 결혼해서 사는 모습을 보니 알 수 없는 쓸쓸함이 마음을 할퀸다. 내가 좀 더 잘 돌봐줬어야 했는데 그러지 못한 것이 너무 후회된다. 예전에는 일이 잘 풀리지 않아서 한숨을 쉬곤 했는데 요즘엔 쓸쓸히 하늘을 보면서 한숨을 쉰다. 하늘이 푸른데도 기쁘지 않다. 열정도 식었고 자신감도 떨어지고……. 지난날을 돌이켜보면 자랑스러움은 없고 창피함만 보인다. 운동이라도 열심히 해서 이런 생각들을 떨쳐내야 하는데 내 몸에 붙어 있는 쓸쓸함은 무뚝뚝하기가 이를 데 없다. 이제는 떨어져 나갈 때도 되었건만 아직도 붙어 있는 걸 보면 오히려 연민의 정을 느낀다. 옛날에는 산을 오르는 게 그리 좋더니만 이제는 몸도 시원치 않고 마음도 시원치 않다.

무엇을 기다리는가? 아직도 기다려야 할 무엇이 있단 말인가? 기다리지 말고 떠나라. 떠난다는 건 기다림이다. 빛은 나에게 오지 않는다. 지금보다 훨씬 더 부지런히 걸어야 멀리서 날아오는 빛을 맞이할 수 있다. 쓸쓸하다고 말하지 마라. 게으름이 쳐들어온다. 무료함이 길어지면 감옥이고 감옥에 갇히면 더 무료해진다. 게으름이 나를 잡으러 오기 전에 떠나야 한다. 쓸쓸함은 꼭 데리고 가라. 쓸쓸함이 없으면 먼 길을 갈 수 없으니. 방 한구석에 기대앉은 기타가 나를 쳐다본다. 내가 게을러 너를 쓸쓸하게 하였구나. 미안하다!

    땀 흘리는 자에게 바람이 고마운 거지 땀 흘리지 않는 자가 어찌 바람의 고마움을 알겠는가. 주저앉는다는 건 열정이 식은 거다. 이 고개를 넘으면 한줄기 길이 보일 줄 알았는데 여러 갈래 길이 보이는구나. 어느 길로 가야 할지도 모르겠고 주저앉자니 지금까지 걸어온 길이 아깝구나. 살면서 딱 한 번, 내가 아름다운 노래가 된 적이 있었는데 바로 엄마 젖을 먹던 때였지. 가만히 앉아서 기다리기만 하면 더 이상 아름다운 노래를 만날 수 없다. 쓸쓸함은 바람이다. 돛단배가 바람 없이 어이 흘러가겠는가!

🎼 머물고 싶은 삶을 찾아서
나는 방랑의 길을 떠나가지만
떠도는 것은 아니라네
나에게도 머물고 싶던
아름다운 날들이 있었지마는
다 지나버린 세월이네

사랑이 있을 땐 꿈이 흩날리더니
꿈이 머물렀을 땐 사랑이 손짓해
그러다가 꿈마저 사라지면
나는 다시 방랑의 길을
누구나 떠나는 삶은
빈 들판의 풀잎처럼 쓸쓸하지만
그렇다고 머물 수는 없네

오늘도 술 한잔에
밤은 깊어만 가고 외로움은 쌓이고
또 다른 아침이 오겠네
길은 멀어도 가기는 가야지
여기서 이대로 머물 수는 없네

가노라면 아름다운 노래가 있는
내가 쉴 곳이 있겠지
떠나는 것은 기다림이라
회색빛 하늘을 바라보면서
푸른 하늘 기다려본다

-「쓸쓸한 사람」, 1981/1989

하루살이

그들이 무사해야 내가 무사하고
내가 무사해야 그들도 무사하다

파란불이 켜지자마자 건널목을 건넌다. 어떤 술 취한 차가 나에게 달려온다. 걸음을 재촉하여 무사히 건넜다. 하마터면 사고가 날 뻔했다. 파란불은 먼저 좌우를 살피라는 신호인데 잠시 그걸 잊었다. 사람 길도 안전하지는 않다. 간밤에 얼어붙은 눈길에 미끄러질 것 같다. 나답지 않다. 별걸 다

걱정하고 있는 내가 다른 사람이 된 것 같다. 하루살이는 하루만 살다가 죽는 게 아니다. 사람이 볼 적에 그렇다는 얘기지, 하루살이도 나름 오래 산다. 사람이 하루살이보다 오래 사는 것 같지만 천 년을 산다는 주목이 볼 적에는 사람도 하루살이고 하느님이 볼 적에는 주목도 하루살이다. 누구에게는 하루하루가 천국이고 누구에게는 지옥이다. 저기 보이는 봉우리는 천국인가 지옥인가? 험하다고 지옥이 아니고 아름답다고 천국이 아닐 게다. 내가 걷고 있는 여기가 바로 천국일지도…….

 '오늘도 무사히'라는 말은 아무 탈 없이 하루를 보내게 해 달라는 말이다. 교통사고가 나서 다치지 않으면 무사해서 다행이라 하고 병역을 마친 아들에게는 무사히 돌아와서 다행이라 한다. '별일 없지?'라는 말도 무탈하기를 바라는 마음에서 하는 말이다. 하지만 우리가 그런 말에 별로 신경을 쓰지 않아서 그렇지, 하루를 무사히 보내기란 그리 쉬운 일이 아니다. 몸 다치지 않으면 무사하다고들 하는데 실제로는 마음 다치는 일이 더 많다. 그러니까 '오늘도 무사히'라는 말은 몸도 몸이지만 마음을 들여다봐야 한다. 나보다는 남을 먼저 생각해야 하는데 본능적으로 나를 먼저 생각하게 되니 결과적으로는 마음 불편함이 남게 된다. 행복이라는 것도 사랑하는 사람이 행복할 때 나도 행복한 거지, 내가 행복하다고 해서 사랑하는 사람이 행복한 건 아니다. 꽃도 행복하고 산도 행복하고 떠도는 구름도 행복해야 나도 그 속에서 행복을 찾아볼 수 있는 거지, 메마른 세상에서 나 혼자 행복하다고 하면 그게 무슨 행복인가.

몸이 게으른 자는 게으름이 뇌에 침투한 것이고 마음이 게으른 자는 게으름이 뇌를 점령한 것이다. 몸이 게으른 자는 뉘우치는 마음이 요만큼이라도 있지만 마음이 게으른 자는 뉘우치려고 해도 작동이 되지 않는다. 어느 날 게으름이 나의 뇌 속에 침투한 걸 보고 깜짝 놀랐다. 아하, 그래서 생각이 흐려졌구나. 혹시라도 누가 나의 게으름에 대해서 뭐라고 하면 게으름이 아니라 여유라고 말하기도 하였다. 하지만 아무리 여유라고 말해도 그걸 인정해주는 사람이 없었다. 게으름에 끌려다니면서 나는 날마다 불안한 하루를 보냈다. 게으름을 관장하는 신에게 제발 일 좀 하게 해달라고 빌었으나 소용이 없었다. 나는 서서히 무너졌고 무너지는 것을 피부로 느끼게 되니 뇌가 점점 말라가는 것 같기도 하여 두렵기까지 하였다. 일하면 두려울 것도 없을 텐데 아무 일도 하지 않으니 두려운 것이다. 오늘 하루가 무사하지 못한 건 그 때문이었다.

　　지난날 우리나라에 큰 붕괴 사건이 있었다. 와우아파트 붕괴, 성수대교 붕괴, 삼풍백화점 붕괴 사건이 그것이다. 전문가들이 말하기를 첫 번째 원인은 부실시공, 두 번째 원인은 관리 소홀, 세 번째 원인은 하중의 문제라고 하였다. 성수대교의 경우 여러 원인이 있겠으나 신문, 방송에서는 건설사가 잘못 지었다는 부실시공으로 결론을 내렸다. 전문가들의 의견도 여러 가지였는데 그 가운데 설득력 있는 얘기가 하나 있었다. 규정을 어기고 적재함에 많은 짐을 쌓아서 다리를 건너는 트럭들이 많았는데 하중을 견디지 못한 다리가 너무 힘들어서 무너졌다는 것이다. 전적으로 건설사의 잘못만은 아니라는 얘기다.

　　아무리 좋은 술이라도 너무 많이 마시면 독이 된다. 모자람보다 지나침이 나쁘다는 건 누구나 다 아는 사실이다. '적당히 살아라.' 이 말은 대충 살라는 뜻이라기보다는 정도에 맞게 살라는 뜻으로 해석하는 것이 좋을 듯싶다. 날마다 조금씩 마시는 술은 나쁘지 않다고 말하는 사람도 있지만 술로 인해 간에 무리가 간다면 간의 기능이 떨어질 수밖에 없다. 그리하여 간이 힘들어하면 건강이 무너지는 것이다. 사랑도 그러하지 않을까? 아무리 사랑이 좋다고 한들 그날그날 필요한 사랑을 해야지, 용량 초과를 하여 피곤할 정도로 사랑을 하게 되면 마음에 무리를 주게 되고 그것을 소화하지 못해 이별을 맞이하게 되는 것이다.

요즘 들어 땅 꺼짐 현상이 자주 일어난다. 여러 가지 이유가 있겠지만 분노나 증오심을 지니고 사는 사람들이 많아서 그런 일이 일어나는 게 아닐까 하는 생각이 든다. 분노, 증오, 복수, 욕심의 무게는 사람의 몸무게와는 별도로 상당히 무겁다. 그 무거운 것들을 가슴에 품고 하루하루를 살아가는 사람이 많으니 땅도 그 무게를 어쩌지 못해서 내려앉는 것이 아닐까? 며칠 전에 어느 집에서 가스폭발 사고 일어났다는 뉴스를 보았다. 그것 역시 가스폭발이라기보다는 분노의 폭발이 아니었을까?

오래된 나무 수만 그루가 하루아침에 쓰러졌다. 아직도 이 세상 어디에선가 포탄 소리 들리고 지구별은 오늘도 평온하지 못하다. 겨울 축제를 위해 많은 물고기가 죽는다. 오늘도 무사히 살기 위해 서로 기대며 살고 있는데 얼음 깨는 소리가 포탄 소리보다 더 무섭다. 산천어, 송어한테는……. 일제에 나라를 짓밟힌 게 엊그제인데 우리 스스로 우리 것을 마구 짓밟는 일이 일어났다. 평온하던 가리왕산에 전기톱 소리가 울려 퍼지고 오랜 세월 이 나라를 지켜온 나무들이 무참히 베어졌다! 단 3일간의 경기를 위해…….

    모든 것은 지나간다지만 그 말을 전적으로 받아들일 수는 없다. 강물처럼 바람처럼 우리의 삶도 그렇게 지나가는 건 맞지만 강물보다 무거운 것들은 강바닥에 가라앉고 바람보다 무거운 쓰레기들은 여전히 땅 위에 남는다. 마음의 상처도 삶의 일부분이니까 삶과 함께 지나간다고 생각할지 모르겠지만 상처의 무게가 삶보다 무거우니 함께 지나가지 못하는 것이다. 고등학생 시절 양아치 동무들한테 얻어맞은 적이 있지만 딱 한 번 내가 휘두른 주먹에 맞은 동무도 있었다. 이상한 것은, 양아치 동무들한테 얻어맞은 것은 그런대로 지나갔는데 내가 휘두른 주먹에 맞은 아이는 지금도 가끔 생각난다. 맞은 놈은 편히 자고 때린 놈은 편히 못 잔다는 말이기가 막히게 맞는 말이다. 내가 양아치 동무들의 주먹을 잊어버렸듯 내 주먹에 맞은 그 동무도 나를 잊어버렸는지는 모르겠으나 50년이 지난 오늘도 나는 그 동무를 잊지 못한다. 아무리 오늘 행복했다고 해도 마음 한구석에 그 동무의 모습이 남아 있으니 마음이 평온하다 할 수는 없겠다. 그 동무 입장으로 보면 나는 양아치였고 내 입장으로 보면 그 동무는 모범생이었다. 과거는 과거일 뿐이라고 쉽게 덮지 마라. 좀비처럼 되살아나는 것이 있으니 말이다. 아무도 나를 보호해 주지 않는 세상! 세상이 그러하니 오늘도 무사히 살려면 나쁜 짓 하지 말아야 한다. 복수, 증오 같은 것은 무거워서 세월과 함께 지나가지 못하고 오랫동안 남아서 그렇게 만든 자의 마음을 괴롭힌다. 오늘 하루 무사히 살려면 몸이 아니라 마음이 평온해야 함이다.

거듭 말하지만 나는 사람들과 만나는 것을 좋아하지 않는다. 마지못해 어울리기라도 하면 '오늘도 무사히'라는 말을 중얼거린다. 나는 실수를 잘해서 가끔 주변 사람들의 기분을 상하게 한다. 그러면 다음 날 내 마음이 편치 않음을 느낀다. 그러니 하루를 무사히 지내려면 말조심하거나 아예 사람을 만나지 말아야 한다. 그러다 보니 혼자 돌아다니거나 산에 가서 놀다 오는 버릇이 생겼다. 하루는 전철을 타고 집에 가는데 어떤 술 취한 아저씨가 나를 밀치고 지나가는 바람에

중심을 잃고 앞에 앉아 있는 사람의 신발을 밟았다. 그 사람의 하얀 운동화에 얼룩이 생겼다. 나는 고개를 숙여 미안하다고 했는데 그 사람은 괜찮다고 말하면서 오히려 자리를 내어주는 것이었다. 그 사람의 다정한 말 한마디에 나는 그날 하루를 무사히 보냈다.

학교 다닐 때 버스가 생각난다. 운전석 앞 유리창 위에 '오늘도 무사히'라는 글씨가 쓰여 있는 조그만 그림을 보곤 했는데 내 기억으로는 버스마다 거의 걸려 있었던 것 같다. 외국 소녀가 두 손을 모으고 기도하는 모습인데 사고가 나면 승객들도 다치는 거니까 승객들도 그 그림을 이해했다. 내가 남의 마음을 상하게 하면 내 마음도 편치 않기 때문에 나보다는 남을 먼저 생각해야 하는 것이 맞다. 운전사 아저씨도 자신보다는 승객을 먼저 생각했기에 '오늘도 무사히'라는 그림을 걸어놓았을 것이다.

옛날엔 새로운 것이 좋았는데 요즘엔 오래된 것이 그립다. 낡고 오래된 것은 보면 볼수록 평온해지는데 새로운 것은 왠지 대하기가 불편하다. 그래서 되도록 새로운 사람을 만나지 않으려고 한다. 내가 처음 술을 마신 날, 내가 처음

학교 가던 날, 내가 처음 비를 맞던 날, 나는 지금 그 처음을 기억하려고 애를 쓰고 있다. 내가 길을 찾으려고 했던 첫 마음은 기억에 없고 내가 꿈을 찾으려고 했던 첫 마음도 기억에 없다. 그래서 그런가, 앞으로 닥쳐올 새로운 처음은 알고 싶지도 않고 만나기도 두렵다. 가까스로 찾은 평온한 마음에 폭풍이 몰아칠까 봐 그렇다. 어릴 때는 처음이라는 것이 설레고 좋더니만 늙어서 그런지 이제는 설렘도 없고 순수한 감정도 생겨나지 않는다. 그냥 오늘도 무사히 살고 싶을 뿐, 공연히 새로움을 만나서 내 마음에 풍파를 일으킬까 봐 두렵다. 때늦은 나이에 꿈을 만날까 봐 두렵고, 욕망을 만날까 봐 두렵고, 사소한 다툼에 동무를 잃을까 봐 두렵다. 그리고 친절한 사람을 만날까 봐 두렵고, 귀여운 강아지를 만날까 봐 두렵다. 학교 갈 때 어머니는 날마다 똑같은 말을 했지. "길 조심해라! 차 조심해라!" 어릴 때는 그 말을 건성으로 들었는데 지금은 그 말이 새삼 새롭다.

뉘우친다고 저지른 잘못이 씻기는 건 아니지만 그래도 뉘우치며 사는 게 옳다. 죄책감은 오랫동안 마음에 남아 걸핏하면 내가 저지른 잘못을 떠오르게 한다. 하지만 뉘우치지 않는 사람은 죄책감을 느끼지 못하여 마음 괴로울 일이 없고 그래서 또 잘못을 저지른다. 마음을 감싸고 있는 물질이 시멘트처럼 딱딱하게 굳어져 감각이 없어졌기 때문이다. 죄책감이 있어야 '오늘도 무사히'라는 말을 느낄 수 있는 건데 죄책감이 없으니 '오늘도 무사히'라는 말을 느끼지 못하는 것이다. 가장 좋은 방법은 처음부터 잘못을 저지르지 않는 것인데 그게 참 어려운 일이다. 무의식중에 잘못을 저지를 수도 있으니 말이다.

나중에 미안하다고 말하게 되는 그런 일을 해서는 안 되지만 어떤 일의 결과가 잘못되었다고 해서 그 일을 한 사람에게 미안함을 느끼게 하는 그런 말을 해서도 안 될 일이다. 평화의 기본은 남의 마음 상하지 않게 하면서 오늘 하루 무사히 사는 것이다. 그들이 무사해야 내가 무사하고 내가 무사해야 그들도 무사할 테니. 거리의 가로수가 무사해야 내가 무사하고 강과 산이 무사해야 내가 무사하다. 아무리 미운 물건이라도 함부로 버리지 말아야 하며 좋은 물건이라고 마구 쌓아놓지 말아야 한다. 아무 생각 없이 길을 가면 길의 마음을 상하게 하는 일이고 아무 생각 없이 화초에 물을 주면 화초의 마음을 상하게 하는 것이다. 아무 생각 없이 살면 세월의 노여움을 사게 되어 마음이 황폐해진다.

나는 아침에 눈을 뜨면 오늘도 무사히 지내게 해달라고 빈다. 몸은 그런대로 괜찮은데 마음이 맑지 못해서이다. 그런데 오늘은 누군가가 내 마음을 깨끗이 씻어준 것 같아서 모처럼 행복하다. 하늘이 도왔나? 한때 미워했던 사람이 내 기억에서 지워졌다. 마음속에 미움이 지워지니 맑은 샘이 솟는다. 물은 누구에게나 귀한 것이다. 여기 물이 있소. 목마른 사람은 오시오. 오늘도 나는 하루살이로 산다.

오늘도 무사히 하루해가 저문다
나의 별도 무사히 잘 있겠지
멀리 저 멀리 포란 소리 들리네
우는 아이들 소리 아아, 슬프다
하루살이는 백 년을 살지만
사람은 하루를 사네
오늘 나는 무사했네
소중한 하루였네

-「하루살이」, 1979/2025

아리랑꽃

한라산 반달 백두산 반달
서로 만나면 보름달 되리라

　

백두산에 가면 노래를 많이 캘 줄 알았다. 1994년 봄, 독립군의 마음으로 배를 탔다. 웨이하이에서 옌타이, 베이징을 거쳐 연길에 도착하여 백두산으로 향했다. 내 겨레와 내 나라를 위하여 기필코 노래를 찾으리라. 조국을 떠난 지 12일 만에 백두산에 올랐다. 하지만 부푼 기대와는 달리 산신령한테 야단만 실컷 맞고 쫓겨났다. 내가 망상에 젖어서 왔다는 것이다. 두 해 뒤 여름에 다시 백두산에 올랐다. 이번에는 따뜻하게 받아줄 거라고 믿었다. 다행히 산신령의 꾸지람도 없었고 날씨도 따라주었다. 관광객들이 남기고 간 발자국들이 좀 어지러웠지만 그래도 이 정도면 어디냐고 나는 아이처럼 좋아했다. 어둠이 내린 텅 빈 백두산에 적막이 흐르자 자기 순서인 양 눈이 내리기 시작했고 어지럽던 발자국들은 마술처럼 지워졌다. 마치 나를 위해 하얀 카펫을 깔아놓은 것 같기도 하고 새하얀 평화를 위하여 누군가의 첫발자국을 기다리는 것 같기도 하고 어쩌면 나를 받아주겠다는 산신령의 뜻 같기도 하였다. 산 아래는 무더위가 한창이지만 산 위에는 그렇게 하얀 눈이 내렸다.

눈 그친 천문봉(2,670미터)에 어둠이 내려앉을 무렵, 나는 아무도 밟지 않은 하얀 평화를 조심스레 밟으며 능선으로 향했다. 내가 첫발자국의 주인공이 될 줄이야! 그렇다면 이 새하얀 평화를 위하여 나는 무엇을 해야 하나? 내 할 일에 정성을 다하면 되겠지. 이렇게 아름다운 어둠이 있는데 사람들은 왜 어둠을 싫어하는지 모르겠다. 무턱대고 어둠을 밀어내려는 걸 보면 교육의 잘못이 얼마나 무서운가를 알게 된다.

빛은 어둠이고 어둠은 빛인데 훤한 걸 빛이라 하고 컴컴한 걸 어둠이라 가르친다.

    능선 너머 달빛이 나를 부른다. 손 내밀면 닿을 것 같은데 앞으로 나아갈수록 멀어진다. 호위무사처럼 발자국이 따라온다. 걷다가 휙 돌아서면 언제 그랬냐는 듯이 멈춰 있다. 발자국은 나의 수호신이다. 능선에 오르니 엄청나게 밝은 달이 나를 반겨준다. 지난번에 보지 못했던 하늘못(天池)을 이런 밤에 훤히 볼 수 있다니 나는 참 운이 좋은 사람이다. 그림자가 참 예쁘다. 그동안 그림자를 잃어버려 죄책감을 느끼고 살았는데 이렇게 백두산에서 다시 만나게 될 줄이야! 마음속 깊은 샘에서 기쁨이 넘쳐흐른다.

    나는 오른쪽 능선길을 따라 조금 걷다가 넘치는 기쁨을 가라앉히려고 호수가 내려다보이는 바위에 걸터앉았다. 달이 얼마나 밝은지 눈이 부셔서 샛눈으로 달을 바라봐야 했다. 달과 나 사이의 거리가 백 미터도 안 되는 것 같아 마음만 먹으면 긴 사다리를 걸쳐놓고 달에 놀러 갔다 올 수 있을 것 같고, 마술을 걸어 손을 길게 뻗으면 달을 어루만질 수 있을 것 같기도 하였다. 아무튼 태어나서 처음 보는 눈부신 달

앞에서 나는 넋을 잃고 말았다. 조금 있으니까 선녀와 나무꾼이 떠올랐다. 정말 선녀들이 두레박을 타고 내려올 것 같았다. 산 아래서 보던 달하고 어쩌면 이렇게 다를까? 크기도 다르고 밝기도 다르고 혹시 누군가 광약을 뿌려 밝게 닦아놓은 것 아닐까? 목욕탕에 다녀온 아내의 뽀송뽀송한 얼굴처럼 달 표면에서 뽀드득뽀드득 소리가 날 것만 같았다. 그뿐만이 아니었다. 달빛에 물든 봉우리에서도 은은한 빛이 뿜어져 나와 나도 모르게 눈물이 고였다. 황홀하면 눈물이 나온다더니 정말 그리되었다.

불현듯 한라산 반달하고 백두산 반달이 서로 만나면 커다란 보름달이 될 거라는 생각이 들었다. 그리된다면 이 세상에서 가장 밝은 보름달이 될 것이다. 그 커다란 보름달이 이 땅과 겨레의 마음속을 훤하게 비춰주고 어루만져준다고 생각하니 기분이 좋았다. 가난했던 내 겨레, 이제 보름달로 하나 되나니 축복이로다! 하지만 통일이 먹구름 속에 갇혀 있으니 그것이 또 문제로다. 먹구름아, 이제는 그만 흩어져다오. 뽀송뽀송한 통일의 얼굴을 보고 싶구나!

남쪽은 남쪽대로 북쪽은 북쪽대로 통일을 바란다지만

욕심들 때문에 먹구름은 꿈쩍도 하지 않는다. 서로 껴안는 게 그렇게 힘든 일인가? 차라리 백두산 반달과 한라산 반달이 만나서 보름달 되는 게 훨씬 더 빠르겠구나. 또 다른 생각! 남녘의 꽃바람, 북녘의 꽃바람이 서로 만나면 아리랑꽃이 피어나지 않을까? '무궁화 삼천리 화려강산'이 아니라 '아리랑 삼천리 화려강산'으로 말이다. 언제 통일이 될지는 모르겠으나 꽃바람도 한몫하리라 믿는다.

하늘엔 국경이 없는 줄 알았는데 알고 보니 북쪽 하늘 남쪽 하늘이 따로 있네. 하늘이 하나가 되려면 땅이 먼저 하나가 되어야 함이다. 하늘은 언제든지 하나가 될 수 있으니 땅이 문제로다. '우리의 소원은 통일, 꿈에도 소원은 통일'이라고 노래는 하지만 입으로만 통일하면 무얼 하나? 통일을 납치해서 먹구름 속에 가두어놓고는 서로 자기네 것이라고 싸우고 있는 풍경을 보고 있노라면 세상에 이런 슬픈 일이 또 있을까 싶다.

통일을 예쁘게 포장하면 포장지만 보이고 통일은 보이지 않는다. 포장지에 가려진 통일을 기다리다가 우리 아버지 어머니는 돌아가셨고 나도 늙어버렸고 겨레의 기다림도 그리움도 모두 다 늙어버렸다. 이제 믿을 건 백두산 반달과 한라산 반달이 만나 커다란 보름달을 이루는 것과 남녘의 꽃바람과 북녘의 꽃바람이 만나 아리랑꽃을 피우는 것뿐이다. 내 나라가 보름달 되면 먹구름은 저절로 흩어질 테고 삼천리강산에 아리랑꽃 피어나면 통일의 포장지는 저절로 벗겨질 것이다.

🎼 한라산 반달
　　백두산 반달
　　서로 만나면
　　보름달이 되리라
　　비춰라, 비춰라
　　삼천리강산에
　　한마음 내 겨레
　　보름달이 되었네

　　북녘의 꽃바람
　　남녘의 꽃바람
　　서로 만나면
　　아리랑꽃 되리라
　　피어라, 피어라
　　삼천리강산에
　　하나 되는 내 나라
　　아리랑꽃이여
　　아리랑, 아리랑
　　아리랑꽃이여

—「아리랑꽃」, 2012

숨은그림찾기

해돋이 사진을 찍는 사람은
해를 기다리지 않는다

　큰 나무 아래 누워서 나무를 올려다보니 가지 사이로 파란 하늘도 보이고 흰 구름도 보이고 잎사귀에서 튕기는 햇살도 보인다. 하늘만 보면 그냥 하늘인데 가지 사이로 하늘을 보니까 마치 하늘의 비밀을 찾아낸 것처럼 새롭게 보인다. 나무 잎사귀도 그냥 보면 잎사귀인데 누워서 보니까 잎사귀들이 나부끼며 하늘에 묻은 먼지를 털어주고 있다. 이렇게 잎사귀들의 노고가 있었기에 파란 하늘이 되었나 보다. 보이는 게 다가 아니라는 말이 있는데 실제로 우리가 찾아내지 못한 것들이 의외로 많다. 여행도 많이 하고 책도 많이 봐야 하는 이유가 거기에 있다. 나무 아래 누워서 올려다보지 않았다면 나뭇잎들이 하늘의 먼지를 털어주는 비밀을 어찌 알았겠나? 한 살 땐가? 온종일 누워 자다가 잠이 깨서 천장을 보면 도배지 무늬가 여러 가지 모양으로 바뀌면서 호기심을 자극했던 기억이 난다. 어떻게 생각하면 숨은 그림은 없는 거다. 뻔히 보이는 걸 보지 못하고 자기한테 필요한 것만 보니까.

꽃이 피면 사람들은 꽃을 피운 나무를 잘 안다는 듯이 반가워한다. 그러다가 꽃이 지면 언제 그랬냐는 듯이 이름을 기억하지 못한다. 잎사귀가 다 떨어지고 앙상한 가지만 남으면 이름은커녕 아예 모르는 나무가 된다. 이렇듯 사람은 자기에게 필요한 것만 본다. 꽃이 사랑이라면 잎사귀는 그리움이다. 잎사귀는 꽃을 그리워하다가 물든다. 사람들은 꽃만 보고 잎사귀는 지나친다. 꽃이 기쁨이라면 잎사귀는 슬픔이다. 사람들은 기쁨만 보고 슬픔은 보려고 하지 않는다. 초등학교 3학년 때 방학 숙제로 식물채집을 했다. 그때는 몰랐는데 지금은 안다. 선생님은 잎사귀를 먼저 가르쳤다. 사실 꽃은 가르치지도 않았다. 아이들은 잎사귀가 달린 나무에서 어떤 꽃이 피는지 궁금해하면서 이듬해 봄을 기다렸다. 숨은 그림을 찾는 게 아니라 숨은 그림이 꽃이라는 걸 이미 알고 있었다. 덕분에 나는 잎사귀를 보고 나무를 알아볼 수 있었고 그 나무에서 어떤 꽃이 피는지도 알 수 있었다. 이렇듯 나는 사랑보다 그리움을, 기쁨보다 슬픔을 먼저 배웠다. 잎사귀를 미리 알려주고 꽃을 기다리게 하는 선생님의 가르침은 얼마나 멋진가!

인생은 나그넷길, 인생은 슬픔, 인생은 아름다워 등등 인생에 관한 여러 말들이 있지만 인생은 숨은그림찾기라는 말이 그나마 현실적이라는 생각이 든다. 처음엔 빛만 보이다가 하나둘씩 보이게 되는 색, 처음엔 무슨 뜻인지 모르다가 하나둘씩 알게 되는 말들, 아이들은 그렇게 숨은 그림을 하나둘씩 만나게 되면서 어른이 되어간다. 모험하고 탐험하고, 꿈을 찾고 시를 짓는 것도 생각해보면 모두 다 숨은그림찾기를 하는 거다. 달, 화성에 우주선을 쏘아 올리는 것도 그렇고 사랑하는 사람을 만나게 되는 것도 결국은 숨은그림찾기 아니겠나. 부모님 말씀에도 선생님 말씀에도 숨은 그림이 있고 옛 어른들의 말씀과 자연 속에도 책 속에도 숨은 그림들이 있는데 뒤늦게 큰일을 겪고 나서야 깨닫게 된다. '아, 그때 그 말이 그런 뜻이었구나!' 부모님 살아 있을 땐 잘 보이지 않던 효가 부모님 떠나고 나면 또렷이 보이고 사랑할 땐 잘 보이지 않던 사랑이 이별의 노래가 울려 퍼지고 난 뒤에야 또렷이 보이게 되는, 그러니까 잘 알지 못했다는 것은 보이는 것만 보고 살았다는 거다. 관심이 없어서 지나친 것들, 초점이 맞지 않아 제대로 보지 못한 것들 우리 눈에 들어오지 않은 모든 것들은 숨은 그림이 되어 우리를 기다린 것이다.

바쁘게 살다 보면 마음속에 잡풀이 자라는 것을 알지 못한다. 사랑이라든가 용서라든가 꿈이라든가 이런 귀한 꽃들이 잡풀에 가려져 숨은 그림이 되었으니 그 꽃들을 잊고 살 수도 있겠다. 사랑하지 못하는 건 사랑이 보이지 않아서이고 용서하지 못하는 건 용서가 보이지 않아서이다. 욕망과 분노로 사는 사람들이 눈에 띄게 많아졌다. 꼭 그들만의 잘못은 아니다. 그들을 가까이에서 바라보는 사람들에게도 잘못은 있다. 사랑을 실천하는 사람들이 보이지 않고 용서를 실천하는 사람들이 보이지 않는다. 모두 어디에 숨은 걸까? 썰물을 기다렸다가 억지 눈물을 보이며 나타나는 비겁한 사람들이 많아졌다.

불행은 행복에 붙어 있는 숨은 그림이고 행복은 불행에 붙어 있는 숨은 그림이니 행복만 품으려 하지 말고 불행도 잘 품어줘야 한다. 미움 역시 사랑에 붙어 있는 숨은 그림이고 사랑도 미움에 붙어 있는 숨은 그림이니 사랑만 품지 말고 미움도 잘 보듬어줘야 한다. 미움은 사랑의 빛깔 속에 스며 있기 때문에 보여도 보이지 않는 것이고 불행이라는 것도 행복의 빛깔 속에 스며 있기 때문에 보여도 보이지 않는 것이다. 그러므로 사랑과 행복은 소유하려고 하면 아니 되는 것이다. 소유하면 숨어 있는 미움을 보게 되고 숨어 있는 불행을 보게 될 테니.

산길을 걷다 보면 숲속이 궁금할 때가 있다. 귀한 약초가 있을 수도 있고 뱀이 있을 수도 있고, 하지만 숲에 들어갈 생각이 없으면 궁금함은 궁금함으로 남는 거다. 마음속에도 내가 모르는 숨은 그림들이 살고 있을 텐데 알아보려고 하지 않으면 나이가 들어도 알 수가 없다. 산길을 걷다가 마주친 아주 작은 꽃, 이름을 알면 아는 체라도 해보겠는데 모르니 그냥 지나간다. 이름을 몰라도 나를 쳐다보는 꽃이 있으면 반갑게 인사하는 것이 좋다. 방황하던 시절, 내 얼굴을 어루만지던 햇살이 있었는데 나는 그게 멀리서 날아온 사랑인지도 모르고 어둠 속에서 햇살만 그리워했다.

마음속에는 나쁜 그림도 숨어 있고 좋은 그림도 숨어 있다. 말도 많이 하게 되면 하지 않아도 될 말이 튀어나온다. 어디에 쓰이는 말인지도 모르면서 입이 자주 열리니까 튀어나오는 것이다. 배우지 못한 게 무식이 아니라 알고 있는 걸 어디에 쓸 줄 모르는 게 무식이다. 잡풀이 자라듯 마음에도 쓸데없는 말들이 많이 자라고 있으니 그건 각자 알아서 할 일이다. 말을 적게 하는 방법은 경청이다.

아무리 멋진 사랑도 내버려두면 바래고 아무리 멋진 집도 내버려두면 삭는다. 집을 가꾸듯 사랑도 돌봐야 하는 까닭이다. 살다 보면 흠이 생기기 마련이다. 좋은 옷 입으면 흠이 가려지는 것 같지만 그 옷을 벗는 순간 마술처럼 흠이 나타난다. 죄는 숨길수록 흠으로 남고 내보이면 무늬로 남는다. 좋은 인연도 내버려두면 끊어지는 법. 봄날 꽃을 노래하던 시인이 어느 겨울날 앙상한 가지만 남은 그 꽃나무를 알아보지 못하고 지나친다. 영원히 사랑하겠다는 말, 그 말을 함부로 해서도 아니 되지만 함부로 믿어서도 아니 될 듯.

상대방 허물을 들추느라고 고생하는 사람들이 많다. 인생에서 숨은그림찾기란 자기 인생에 도움이 되는 것을 찾는 것인데 왜 남의 허물을 찾느라고 그 아까운 세월과 정열을 허비하는지 모르겠다. 자신의 흠이 드러나도 상대방의 흠은 감싸주고 덮어줘야 하는데 남의 흠으로 제 살길을 찾는 소인배들이 너무 많다. 다섯 살 먹은 손녀가 냉장고에 흠이 난 걸 보고는 거기에다 예쁜 스티커를 붙여준다.

사람을 미워하게 되면 그 사람이 쓰는 물건, 그 사람과 가까이 지내는 사람까지 미워하게 된다. 예쁜 사람도 미운 구석이 있고 미운 사람도 예쁜 구석이 있는데, 예쁜 사람은 미운 구석이 보여도 예쁘다 하고 미운 사람은 예쁜 구석이 보이는 데도 밉다고 한다. 나도 누군가에게 미운 사람이 될 수 있다. 사랑받고 싶은데 미움만 받는다면 얼마나 힘들겠는가. 지금 내가 누구를 미워한다면 그 사람의 가슴에 숨어 있는 그림을 먼저 찾아볼 일이다. 나는 내 아이 마음속에 숨어 있는 외로움은 보지 못하고 그냥 말 안 듣는다고만 생각했다. 인생은 숨은그림찾기라면서 나는 왜 내 아이의 숨은 그림은 찾아보려고 하지 않았는가. 나는 지금도 그것이 후회된다. 아이가 관심을 끄는 행동을 보이면 잘 보살펴줘야 하는데 그걸 사춘기 때 겪는 병이라고 대수롭지 않게 여겼다. 가출한 아이들하고는 얘기도 나누고 고민도 들어주면서 왜 내 아이의 외로움은 거들떠보지 않았을까? 나는 그냥 아버지일 뿐 좋은 아버지는 아니다.

아이는 아버지가 밉다. 아버지가 왜 그러느냐고 묻자 문을 쾅 닫고 학교에 갔다. 학교에서 돌아오자 아버지는 아이의 태도를 나무랐다. 아이는 자기 방에 들어가서 나오지 않았다. 얼마 뒤, 아랫집에서 전화가 왔다. 아이가 떨어졌다고. 4층짜리 연립주택 3층, 아이는 제 방 창문을 열고 뛰어내린 것이다. 병원에서 연락이 왔다. 허리를 다쳤다는 것이다. 아이의 아빠는 한순간에 폭력 아빠가 되었다. 아버지는 아이의 마음이 자욱하다고 생각했는데 나중에 알고 보니 아이가 아닌, 아버지 마음이 자욱한 것이었다. 아이가 외롭다는 신호를 보냈는데 그걸 알아보지 못한 것이다.

농사짓는 동무가 조그만 텃밭을 마련해주었다. 상추, 고추, 가지 잘 키워 먹다가 초가을에 무씨를 뿌렸는데 얼마 지나지 않아서 싹이 트더니 무가 생겨났다. 정말 숨은그림찾기 하는 것 같았다. 이렇듯 찾으려고 했던 그 무엇이 어느 날 불쑥 나타날 때가 있는데 평소에 그것을 기다릴 준비가 되어 있으면 별문제가 없지만 아무런 준비도 없이 맞이하게 되면 그 기쁨을 놓치게 된다. 사람도 그렇다. 열심히 살면 누군가 찾아주겠지만 허투루 살면 아무도 찾아주지 않는다. 나는 열심히 자란 무를 기쁘게 맞이했다.

겨우내 숨어 있다가 세상 구경하려고 얼굴을 내미는 새잎을 보면 정말 신비롭기 짝이 없다. 그것이 기다림인지 밀고 나옴인지는 알 수 없지만……. 봄의 전령사 복수초를 보라! 눈을 헤치고 나온 게 아니라 눈이 녹기를 기다린 것이다. 해돋이 사진을 찍는 사람은 해를 기다리지 않는다. 가끔은 스스로 숨은 그림이 될 필요가 있다고 생각한다. 누구를 위해서가 아니라 바로 나 자신을 위해서 말이다. 잘못이 있으면 뉘우쳐야 하고 뉘우쳤으면 기다려야 한다. 이제 용서해주시오, 하고 고개를 내미는 것이 아니라 손을 잡아줄 때까지 기다려야 한다. 마음속에 미움이 돌아다닌다면 그건 마음 갈이를 하라는 신호일 테니 적어도 마음 갈이가 끝나기 전까지는 함부로 고개를 내밀지 말아야 할 것이다.

나는 지금 숨어 살고 있다. 죄를 지어서 그런 게 아니고 그냥 혼자 지내는 게 좋기 때문이다. 사람들도 만나고 수다도 떨고 맛난 음식도 먹고 그러라지만 사람들과 어울리지 못하는 병이 있으니 소용없는 얘기다. 그렇다고 내가 아주 재미없게 사는 건 아니다. 거실 유리창에 비친 나하고 술을 마시기도 하고 얘기도 하고 숨은 그림 찾아 마음속 여행을 떠나기도 한다. 한번은 추억으로 가는 기차 타고 어릴 적 놀던 고향을 찾아갔다. 나는 여섯 살 아이가 되어 할머니하고 툇마루에 앉아 밤하늘을 올려다보면서 별 놀이를 하고 있었다. '저 별은 우리 강아지별, 저 별은 할머니별.' 할머니는 거의 날마다 저녁을 먹은 뒤에 나를 데리고 밖으로 나가서는 그렇게 숨은 별 찾기를 했다. 수많은 별 가운데에서 어느 별이 내 별인지 알 수는 없었지만 손가락으로 가리키는 방향을 날마다 보게 되니까 정말 별 하나가 나를 향해 반짝거리는 것 같기도 하였다. 아마도 내 인생에서 처음으로 찾은 숨은 그림은 나를 향해 반짝이던 그 별이 아니었을까?

지금까지 살면서 내가 한 가지 잘한 일은 한길로 왔다는 것이다. 그런데 그것이 내 의지로 왔다기보다는 등 떠밀려 왔다고 해야 옳다. 누가 내 등을 떠밀었는지는 모르겠으나 분명한 건 그 누군가가 나를 인도했다는 것이다. 아무튼 다른 길의 유혹을 뿌리치고 나의 발을 믿었던 건 참 잘한 일이었다. 하지만 이 말은 거짓말이다. 내가 유혹을 뿌리치고 나의 발을 믿은 게 아니라 길을 몰라서 그냥 걸었을 뿐이다. 솔직히 한길로 왔다고 말하기에는 좀 창피한 구석이 있다. 어쩌다 운이 좋아서 이 길을 가고 있지만 만약 그때 다른 길로 갔더라면 아마도 지금의 나는 없었을 것이다. 비록 외로운 길이었지만 그래도 나는 여러 종류의 숨은 그림들을 찾아냈다. 그 가운데에서 가장 아름다운 그림은 슬픔이었다. 슬픔 속에는 내가 몰랐던 여러 가지가 또 숨어 있었다. 사랑도 있었고 용서도 있었고 하지만 아직은 그걸 나의 그릇에 옮겨 담지는 못하고 있다. 다만 그 슬픔이라는 것이 나를 인도했을 거라는 생각을 해본다.

중학교 1학년 어느 날, 학교 끝나고 집에 가는데 배가 심하게 나온 여자가 뒤뚱뒤뚱 걸어오고 있었다. 나는 멈춰 서서 넋 나간 사람처럼 그 여자를 쳐다보았다. 저렇게 아름다운 사람도 있구나. 그녀가 내 옆을 지나자 나도 모르게 그녀가 들고 있던 가방을 잡으려고 했다. 그녀가 깜짝 놀라면서 가방을 뒤로 빼자 나도 놀라서 빠른 동작으로 그 가방을 잡았다. "너무 무거워 보여서요." 그러자 그녀가 웃으면서 가방을 쥔 손을 풀었다. "어유, 고마워요. 집에 거의 다 왔어요." 학교 부근에 그 여자의 집이 있었다. "학생, 들어와서 음료수라도 한잔 마시고 가요." 나는 괜찮다며 인사를 하고 돌아섰다. 집에 오자마자 나는 어머니한테 오늘 어떤 배 나온 여자를 도와줬다고 말했다. 어머니는 내 얘기를 끝까지 듣지도 않고 "임산부를 도와줬구나, 잘했다." 하면서 웃었다. 임산부가 뭐냐고 물으니 너도 옛날에 엄마 배 안에 있었다며 배를 톡톡 두드렸다. 그 뒤로 누가 나에게 어떤 여자가 아름답냐고 물으면 배 안에 아이를 담고 있는 여자라고 말하게 되었다. 사람들은 누구나 어머니 배 안에서 숨은 그림으로 살다가 숨은 그림으로 한세상을 살아간다. 내 인생 최고의 숨은 그림은 아내를 만난 것, 아내의 배에서 태어난 아이들, 그리고 시집간 딸아이의 배에서 태어난 아이들이라고 생각한다.

아침 해가 떠오르면 별들은 떠나겠지
길 잃은 나의 별은 어디서 무얼 할까
그리워라 내 작은 별 그 옛날의 꿈 이야기
어디선가 나의 별도 날 찾고 있겠지

밤이 되면 들려오는 별들의 노랫소리
어느 별이 내 별인지 모두 다 반짝이네
그리워라 내 작은 별 구름 속에 숨었는가
언젠가는 나의 별도 빛날 날 있겠지

-「숨은그림찾기」, 1990

해 지는 소리

구름은 그저 흘러갈 뿐
노을에 얽매이지 않는다

아이들이 놀고 있다. 서산에 해가 저문다. 한 아이가 조심스레 일어나서는 지는 해를 바라본다. 산마루에 해가 걸리자 두 손으로 귀를 오므린다. 해가 뉘엿뉘엿 산 아래로 내려간다. 누가 해를 기다리는가? 아이는 산 아래가 궁금하다. 해넘이를 볼 때마다 아이는 차분하게 귀를 기울이곤 했다.

무슨 소리를 듣고 있는 게 틀림없다.

　어느 날 동네 동무들과 함께 해를 만나러 갔다. 산 너머에 해가 사는 집이 있는 줄 알았다. 언젠가는 그곳에 가보고 싶었다. 도대체 해가 사는 집은 어떻게 생겼을까? 산에서 해가 빨리 저무는 건 집에 빨리 가고 싶어서였을 거라는 생각을 했다. 해도 쉬어야 하니까. 나는 해하고 놀고 싶었다. 그래서 해를 만나러 가는 것이다. 아무 산이나 넘으면 해가 있을 거라고 믿었다. 그리하여 동네 산을 넘기로 하였다. 그런데 오르기도 전에 길을 잃어버렸다. 그때 마을 사람들이 구해주지 않았더라면 어둠에 잡아먹혔을지도 모른다. 순경들이 와서 우리를 데리고 갔다. 동네에서 난리가 났다. 그날 밤 나는 아버지한테 뒈지게 혼났다. 어두운데 왜 산에 갔느냐고 하기에 해를 만나고 싶어서 그랬다고 말했다. 아버지는 혀를 끌끌 차며 긴 한숨을 쉬었다. 나는 정말 해하고 동무하고 싶었다. 정확히 표현할 수는 없겠지만 해가 질 때 들려오는 소리는 내 마음을 평화롭게 만들어주었다. 어떤 때는 잔잔한 강물 소리처럼 들렸고 어떤 때는 바람에 나부끼는 나뭇잎 소리처럼 들렸다. 아침에 눈을 뜨면 문 창호지를 뚫고 들어오는 햇살 소리를 듣기도 하였다. 어쩌면 나는 들리지 않는 것을 듣고 있었는지도 모른다. 만약 그때 내가 악보를 그릴 줄 알았더라면 일찌감치 평화의 노래를 만들었을 것이다.

사람들은 노을만 보고 해는 생각하지 않는다. 해가 있어 노을인데 꽃만 보고 나무는 보지 않음이다. 하루 일을 마치고 집으로 가는 해를 보면 수고했다는 말을 전하고 싶다. 해 지는 소리라고 하면 어둠과 절망을 떠올릴 수도 있겠지만 나 어릴 적 해 지는 소리는 하늘에서 들려오는 평화의 소리였다. 물론 그때는 평화라는 말이 뭔지도 몰랐지만 돌이켜보면 나지막한 산에 서 있는 나무들과 들길에 피어 있는 꽃들 그리고 노을에 물든 할머니의 얼굴과 굴뚝에 피어오르던 연기 등등 내 눈길 닿는 곳 모든 것들이 다 평화였다. 해 지는 소리는 논밭에 스며들어 곡식을 익어가게 하였고 내 마음에도 스며들어 앞날의 내 모습도 보게 해주었다.

서울로 이사 가던 날, 정다운 들판과 할머니 집 굴뚝에 피어오르던 연기가 아른아른 역까지 따라왔다. 기적이 울리고 기차가 떠나는데 설레는 가슴 한편에 뭔가 이슬 같은 것이 맺혔다. 차창 밖 지나가는 풍경을 바라보며 안녕이라고 말하는데 눈물이 고였다. 앞으로는 해 지는 소리를 들을 수 없겠구나! 그동안 재미있었던 시간표는 사라지고 이제는 다른 시간표로 살아야 한다.

　기대했던 서울은 이상한 나라였다. 새벽부터 과외 공부 다니고 저녁 늦게야 집에 돌아왔다. 생각한 대로 해 지는 소리는 들을 수 없었다. 가끔 건물 숲에 걸린 해를 볼 때가 있는데 그때마다 고향에서 같이 놀던 해가 보고 싶었다. 해가 보고 싶을 땐 가끔 도화지에 해를 그리곤 했는데 아무리 잘 그려도 해 지는 소리는 들리지 않았다. 중학교에 들어가서 외로움을 만났고 외로움은 나를 데리고 해가 없는 어둠 속으로 떠났다. 그러다가 마음속의 평화는 점점 사그라졌고 나의 순수 시대는 서서히 저물어갔다.

　고등학교를 어렵사리 마쳤으나 아무것도 할 수 없었던 나날들, 내 눈길 닿는 곳마다 높은 벽들이 보였다. 내 젊음이 야위어가는 게 몹시도 괴로웠다. 방황의 늪에서 벗어나려고 우연히 올랐던 산에서 바라본 해거름, 평화의 소리는 간데없고 주파수 맞지 않는 라디오처럼 지지직거리는 소리가 귓가를 맴돌았다. 그제야 내 마음이 황폐해진 걸 알았다. 마음은 어둠으로 물들고 마음 산은 무너진 지 오래, 밍밍한 노을을 바라보며 나는 이 세상에서 아무 쓸모도 없는 존재라는 걸 알게 되었다. 별이 보이지 않는 건 어둠이 바랜 탓이라고 생각했지만 해 지는 소리가 들리지 않는다는 건 내가 평화에서 밀려났다는 것을 뜻하는 것이었다.

차라리 해 지는 소리를 잊고 싶었다. 하지만 마음 한구석에서는 해 지는 소리를 찾아 떠나야 한다는 소리가 높았다. 세상에는 이상한 법칙이 있다. 찾으려고 하면 찾아지지 않는다는 것. 꿈을 찾아 떠난 사람 가운데 꿈을 찾은 사람 없고 사랑 찾아 떠난 사람 가운데 사랑 찾은 사람 없다. 찾았다고 말하는 사람은 착각하는 것이다. 꿈 껍데기를 꿈이라 하고 사랑 껍데기를 사랑이라 하는 것이다. 잊음의 경지는 사랑하면서 잊는 것이다. 사랑이 쇠하면 순수한 잊음만 남게 된다. 그리되면 찾으려고 했던 그 무엇이 찾아올지도 모른다.

세월이 한참 흘러 내 나이 예순여덟, 뜻하지 않게 해 지는 소리가 찾아왔다. 이산가족의 만남이 따로 없었다. 나는 얼마나 기뻤는지 모른다. 그날은 원주에 일이 있어서 갔다가 돌아오는 날이었다. 버스 앞 유리창 너머로 붉은 해가 보였다. 그런데 내가 해를 보는 건지 해가 나를 보는 건지 모를 정도로 서로 마주 봄이 오래갔다. 마치 오랫동안 서로 찾아 헤매다가 만난 것처럼 반가워서 어쩔 줄 모르는 모습이었다. 해는 구름을 물들이면서 나에게 반갑다는 말을 전하고 있었다. 나도 반갑다는 말을 전해야 하는데 딱히 전할 방법이 없어서 마침 석양빛에 물든 논둑의 나무들에 내 마음도 전해달라고 말했다.

빠르게 달리던 버스가 느려지기 시작하더니 앞 유리창으로 기어가는 차들의 행렬이 보였다. 그런데 조금 전까지 있었던 해가 보이지 않았다. 어디로 갔나 했더니 바로 내가 앉은 옆 유리창 너머에서 나를 쳐다보고 있는 것이었다. 내가 그렇게 보고 싶었는가? 나도 그렇게 붉은 해를 쳐다보았다. 버스는 기어가고 붉은 해는 어느새 논에 붙어 있는 작은 둔덕을 지나가고 있었다. 해가 나무들을 어루만지며 지나가는 모습을 보니 어릴 때 코스모스를 어루만지며 걸어가던 내 모습이 떠올랐다. 그때는 코스모스가 왜 그렇게 슬프게 보였던지…….

하늘빛도 아름답지만 저렇게 앙상한 가지를 어루만져주는 붉은 해 또한 아름답게 보였다. 마치 윈드차임(여러 개의 짧은 금속관이 나무막대에 연이어 매달려 있는데 그것을 막대로 긁듯이 살짝 밀어주면 아름다운 소리가 난다) 소리가 귓가에 들리는 것 같았다. 또다시 몇 분을 달렸을까, 들판에서 겨울이 익어가는 소리가 들리는 것 같더니만 드디어 먼 산에 해가 넘어가는 것이 보였다. 그때였다. 생각지도 않게 해 지는 소리가 들려오는 것이었다. 아, 얼마나 그리운 소리였던가. 버스 소리를 비집고 들려오는 은은한 소리는 분명 평화의 소리였다. 비록 어릴 때 들었던 그 소리는 아니었지만 그래도 내 마음에 평화를 심어주고 사라지는 해가 얼마나 고마웠는지 모른다. 부디 이 평화가 오래도록 머물러주었으면…….

해가 지고 나니 노을빛도 서서히 흩어졌다. 그 짧은 아름다움을 위하여 서쪽 하늘로 모여든 구름도 임무를 마친 듯 본연의 빛깔로 돌아갔다. 조금 늦게 도착하여 노을이 되지 못한 구름도 있었지만 그렇다고 노을이 된 구름을 부러워하는 것 같지는 않았다. 흐르다 보면 노을이 될 수도 있고 그렇지 않을 수도 있다고 생각하는 것 같았다. 혹시 나야말로 노을이 되려고 했던 구름이 아니었을까? 나는 왜 아직도 그런 부질없는 것에서 벗어나지 못하는가. 인생은 빛나는 어둠이라는 걸 아직 깨닫지 못했던가? 비록 노을은 되지 못했어도 하루를 열심히 흘러온 저 구름을 보라! 구름은 그저 흘러갈 뿐 노을에 얽매이지 않는다. 내 마음에 평화를 심어주고 사라진 해의 선물이었다.

🎼 무너진 산 위에 올라앉아
깨지는 바위를 바라보며
노을 진 미소를 짓고 있는
바보의 얼굴
한없이 푸르던 나무들도
다정한 풀잎의 눈웃음도
이제는 추억의 저편으로
사라지려나
신 앞에 숙여진 내 눈물이
이제 와 고개를 드는 것은
부는 바람아 말 좀 해봐라
해가 저문다

떨어져 뒹구는 낙엽처럼
꿈은 그렇게 흩날리고
믿었던 사랑의 그림자도
지워지누나
거짓과 위선에 눌리어서
닫힌 마음이 어두워도
웃음 진 그날이 올 때까지

기다려보자

어제는 빛났던 별들이

오늘은 보이지 않는 것은

내리는 비야 말 좀 해봐라

젊음과 자유와 사랑과 아름다움이

하늘과 바다와 구름과 바람 속에

잠들었구나

기다려보자

깨날 그 시간을

-「해 지는 소리」, 1972/1993

갈 수 없는 고향

한 번도 본 적 없는 누나의 얼굴
따뜻한 누나의 등이 그립다

　산에서 주워 온 밤을 삶는데 느닷없이 어린 시절이 눈앞에 어른거린다. 삶은 밤 하나 입에 물고 톡 깨무니 놀랍게도 고향의 즙이 입안을 가득 채운다. 그래 바로 이 맛이었지! 입안에 고향 내음이 번지면서 나의 옛살라비가 눈앞에 펼쳐졌다. 술 한 잔에 밤 한 톨 먹을 때마다 한 장면, 한 장면씩 지나갔다. 어떤 장면에서는 눈물이 고이기도 했고 어떤 장면에서는 그리움이 가득했다. 몇 안 되는 추억을 보며 그래도 이게 어디냐고 마음을 달랬다. 그런데 아침에 일어나니 고향이 없어졌다. 아! 내 고향 어디 갔나? 혹시나 해서 남아 있던 밤을 먹었는데 어제처럼 고향이 떠오르지 않는다. 나는 고향이 없는 거나 마찬가지다. 그래도 내가 자란 곳을 고향이라 여기며 몇 번 찾아갔지만 갈 때마다 비쩍 마른 그리움만 안고 돌아왔다. 동네 어른들은 다 돌아가시고 아는 동무들조차 없으니 고향이라고 말할 수 없는 낯선 도시였다. 내 놀던 옛 동산은 빼곡하게 심어놓은 아파트로 변해버렸다. 지워진 고향을 가슴에 담고 돌아서는데 아버지 어머니 없는 고아가 된 느낌이 들었다.

피난민 울 아버지는 함경남도 영흥에서 30년, 거제도에서 3년, 봄내에서 10년, 서울에서 8년 성남에서 20년을 살다가 끝내 고향에 돌아가지 못하고 하늘로 가셨다. 그 뒤로 나는 일산으로 이사하여 살고 있지만 나이 칠십에 찾아갈 고향이 없으니 뼈가 시리다. 그래도 아버지 어머니가 살아 계실 땐 아버지 어머니가 고향이었는데 돌아가시고 나니까 부평초가 된 기분이다. 부모를 잃은 아이를 고아라고 하지만 반겨줄 고향이 없는 사람도 고아나 마찬가지다. 10년의 어린 시절을 봄내에서 보냈기에 거기가 고향이라 여겼는데 지금은 그냥 고향이었다고 말할 뿐이다. 이제 와 아버지 살던 고향이 내 고향이라고 느껴지는 건 왜일까? 하지만 갈 수가 없다. 세상 어디든 갈 수 있는데 두어 시간이면 갈 수 있는 아버지 고향은 갈 수가 없다.

해마다 명절이면 고속도로가 몸살을 앓는다. 그리운 가족을 만나러 가는 날이다. 하지만 고향에 갈 수 없는 사람들도 많다. 오늘은 한가위다. 거리가 텅 비었다. 동네 사람들 대부분이 고향 찾아 떠난 것이다. 나는 명절이 되면 쓸쓸하다. 갈 고향도 없고 딱히 갈 데도 없기 때문이다. 선물 사 들고 고향으로 가는 가족들을 보면 그게 그렇게 부러울 수가 없다. 허전한 마음으로 남한산성에 갔다.

"오라버님, 어디 가세요?"

산성 입구에서 날 부르는 소리가 들렸다. 미선이 희선이 지선이가 약속이나 한 듯이 나타났다. 약방에서 따로따로 볼 때는 몰랐는데 산에서 한꺼번에 만나니까 무척 반가웠다.

"오늘 추석인데 너희들은 고향에 못 갔구나."

미선이는 술집에서 일하고 희선이는 공장에서 일하고

지선이는 여관에서 일한다. 박꽃 같은 아이들이다. 희선이는 야근하기 위해서 각성제를 사러 오고 미선이와 지선이도 나름대로 필요한 약을 사러 온다. 저마다 사연은 있겠지만 약을 사러 오면 기지개 켜듯 숨어 있는 말들을 내뱉곤 한다. 어린 나이에 고향을 떠났으니 고향 집이 얼마나 그리울까? 나는 그 나이에 무엇을 열심히 한 적이 없으니 그들의 심정을 알 까닭이 없다. 희선이는 공장일이 끝나면 야학에 다닌다. 가끔은 고민도 얘기하고 그러지만 내가 학교 다녔을 때와는 비교도 할 수 없을 만큼 열심히 산다. 심지어는 그 아이가 사는 모습이 부러울 때도 있었다. 나는 왜 저 아이처럼 열심히 살지 않았을까? 잠깐 다른 생각을 하다가 발목을 접질려 넘어졌다. 아이들이 나를 부축해서 산 아래로 내려갔다. 비록 찾아갈 고향은 없지만 나를 부축해준 세 아이가 고향처럼 느껴졌다. 동네 근처에 대만 사람이 운영하는 중국집이 있기에 그 집에 가서 점심을 하기로 했다

"너희들 이름에 모두 '선'이 있으니 삼선자장면 어때?"

아이들이 웃으면서 좋아했다. 삼선자장면 세 그릇과 탕수육, 고량주를 주문했는데 군만두가 덤으로 나왔다. 고향에 가지 못한 사람들한테 주는 선물이라며 주인이 웃으면서 말했다. 자신도 고향에 가지 못하면서 이렇게 음식을 내주다니

참 고마운 아저씨다.

"너희들은 어떻게 뭉친 거야?"

"고향에 갈 수 없으니 뭉친 거지요."

"오라버님은 추석인데 고향 안 가요?"

"나도 고향에 갈 수가 없어. 우리 친척들은 모두 이북에 살아."

그러고 보니 내 몸속에 흐르는 고향은 남쪽이 아닌 북쪽이라는 생각이 들었다.

"그런데 지선이는 여관에서 어떤 일을 해?"

"영업 비밀입니다."

모두 웃었다.

"미선이는 어쩌다 술집에 나간 거야?"

"비밀이라니까요."

또 모두 웃었다.

"그럼 희선이는 언제 공장에 들어간 거야?"

희선이는 대답 대신 빙긋 웃기만 했다. 그러고는 내게 물었다.

"오라버님은 언제 결혼해요?"

"비밀이야."

또 모두 웃었다. 바람 쐬러 한강에 놀러 갔다가 다리를 건너는 기차를 보고 엄마 생각이 났다는 미선이 얘기를 듣고는 지선이 희선이 모두 고개를 끄덕이며 눈물을 글썽였다.

　큰아버지, 큰어머니, 작은아버지, 작은어머니, 큰형, 작은형, 누나, 그리고 조카들, 내 친척들은 모두 북쪽에 산다. 아버지 고향 산내들도 보고 싶고 내 동무가 되었을 누군가도 보고 싶다. 아버지 어머니도 하늘에서 고향을 내려다보며 그리움을 태우고 있으리라. 이제 통일은 기대하지 않는다. 그저 아버지 고향에 갈 수만 있다면 그것이 나에게는 통일이다. 살아생전에 아버지 고향에 갈 수 있으려나?

　이북에 사는 누나를 떠올리게 하는 사람이 있다. 고마운 일이다. 찌개 떠주는 모습을 보면 다정하기가 이를 데 없고 맛있는 음식은 나 먼저 먹으라고 챙겨주고 통통하게 생긴 팔뚝은 또 어찌나 예쁜지. 이북에 사는 누나는 나보다 9살 위지만 이 누나는 나보다 5살 아래다. 그런데도 누나라고 부르는 까닭은 이북에 있는 누나가 그리워서 그런 것도 있지만 나보다 어른스러워서이다. 내가 이북에 살았더라면 누나 등에 업혀 자랐을 텐데, 한 번도 본 적 없는 누나의 얼굴! 아직도 나는 누나의 따뜻한 등이 그립다.

언제부턴가 미선이가 보이지 않는다. 날마다 약방에 들렸는데 한 달 두 달 보이지 않더니만 어느새 한 해가 다 지나가고 있었다. 날마다 볼 때는 아무렇지도 않았는데 보이지 않으니 보고 싶었다. 고향에 내려갔나 아니면 시집을 갔나? 그렇다면 연락을 했을 텐데 지선이도 희선이도 모른다고 하니 궁금하기만 하다.

지선이는 키가 작고 피부가 까무잡잡했다. 틈만 나면 우리 가게로 놀러 와서는 강아지를 무릎에 앉혀놓고는 난로 가에서 불을 쬐면서 수다를 떨었다. 하루는 기분 좋은 표정으로 고향에 갈 거라고 자랑했다. 얼마나 고향에 가고 싶었으면 저럴까 싶었다. 그러던 지선이가 며칠째 보이지 않았다. 고향에 간다고 그렇게 자랑하더니만 정말 고향에 갔나? 지선이는 여관에서 몸을 팔고 있었지만 그걸 부끄럽게 생각하지는 않았다. 남자 친구와 오토바이를 타고 달리다가 승용차와 충돌했다는 소식을 들은 건 며칠 뒤였다. 어두운 마음을 풀려고 오토바이를 탄 건데……. 날마다 가게에 와서 수다를 떨던 지선이가 자꾸만 떠오르는 날이었다.

오늘은 가게가 쉬는 날이라 모처럼 서울 사는 동무 집에 놀러 가기로 하였다. 전농동에서 세탁소를 하는데 처음 가는 길이라 낯설었다. 버스에서 내려 가르쳐준 대로 골목을 지나가는데 화장을 진하게 하고 야한 옷을 입은 여자들이 유리방 안에 갇혀 있는 모습들이 죽 이어져 있었다. 담배 피우는 여자도 보이고 묘한 웃음을 짓는 여자도 보였는데 갑자기 어떤 아줌마가 예쁜 아이 있다면서 내 팔을 잡아끌었다. 길을 잘못 들었다고 생각했지만 이미 내 얼굴은 붉어진 상태였다. 겨우 빠져나와 골목을 벗어나려는데 또 다른 아줌마가 내 팔을 잡고 똑같은 얘기를 했다. 아줌마가 셔츠를 잡고 놓아주지 않기에 하는 수 없이 셔츠를 벗어주었다. 그때 유리방 안에 앉아 있던 여자와 눈이 마주쳤다. 화장한 얼굴이지만 어딘가 미선이랑 닮았다는 생각이 들었다. 나는 미선이가 아니기를 바랐다. 설마 그런 일이? 영화에서나 볼 수 있는 장면이라고 생각했다. 유명 배우들이 많이 나오는 탈출 영화가 떠올랐다. 독일 포로수용소 탈출 사건을 영화로 만든 것인데 영화에서는 한 사람만 탈출에 성공하고 나머지는 죽거나 다시 수용소로 잡혀 온다. 혹시 미선이도 탈출하다 잡혀 온 게 아닐까? 유리방 안에 갇혀 있는 저 여자들도 고향이 그리울 텐데……. 혹시나 해서 뒤돌아보았는데 조금 전에 보았던 유리방의 그 여자가 보이지 않았다. 왠지 미선이가 틀림없다는 생각이 들었다. 나는 그 가게에 들어가 조금 전 유리방에 있던 여자를 불러달라고 하였다. 하지만 미선이와 전혀 다르게 생긴 여자가 술 한잔하고 가라며 내 팔을 잡았다. 차라리 영화라면 미선이를 찾아냈을 텐데 돌아서는 내 위선의 발걸음이 무겁게 느껴졌다.

갑자기 온 세상이 전쟁터라는 생각이 들었다. 지선이는 오토바이 사고로 죽고 미선이는 포로로 잡혀 유리방에 갇히고 희선이는 야학 선생님을 좋아한다는 소식을 끝으로 연락이 되질 않는다. 그 아이들에 견주면 나는 전쟁을 피해 달아난 탈영병 같았다. 무엇이 나를 슬프게 하는 건지 나도 잘 모르겠다. 전쟁터에 남아서 미선이도 구하고 지선이도 구하고 희선이도 구해야 하는데……. 고향 같은 아이들! 다시 만나서 삼선자장면 먹으러 가야 하는데…….

저 멀리 저 산마루에 해가 걸리면
쓸쓸한 내 맘에도 노을이 지네
물결 따라 출렁이는 그리운 얼굴
혼탁한 강 내음이 내 맘을 적시네
갈 수 없는 그리운, 그리운 내 고향
나는 가고 싶지만 내가 갈 수가 없네

이따금씩 지나가는 기차를 보면
내 고향 산 하늘이 그리워지네
뜨겁던 지난여름 날 더운 바람 속에
설레던 가슴 안고 서울로 서울로
갈 수 없는 그리운, 그리운 내 고향
나는 가고 싶지만 내가 갈 수가 없네

-「갈 수 없는 고향」, 1981

들에 핀 꽃

들에 펴서 들꽃이 아니라
들에 살아서 들꽃이로세

저는 한때 들꽃이었습니다. 근데 지금은 아니에요. 다시 들꽃으로 돌아가고 싶지만 그게 제 마음대로 되는 것도 아니고 그러기에는 마음이 너무 황폐해졌어요. 공부가 모자라면 공부하면 되는데 모자람을 창피하다고 여기고는 떨쳐낼 생각만 했습니다. 그것이 화근이었습니다. 세상은 그런 저를 길들이기 시작했습니다. 저는 마음이 황폐해지는 것도 모르고 세상이 시키는 대로 살았지요. 이제 와 하는 말이지만 저는 처음부터 세상과 싸울 실력도 없었고 세상을 등지고 살아갈 실력도 없었습니다. 세월이 흐르고 나서야 세상에 끌려다닌 걸 알게 되었지요. 어느 날 정신을 차리고 보니 어릴 때 뛰어놀던 들판이 보이는 거예요. 저의 자유가 거기에 있었습니다. 뒤늦게나마 세상의 노예가 되지 않기로 하였습니다. 그러던 어느 날 제 몸에서 모자람이 떨어져 나간 걸 알게 되었지요. 그건 세상이 저를 더 길들이기 위한 궁여지책이었습니다. 모자람이 떨어져 나가면 제가 똑똑해진 줄 알고 착각을 한다는 거죠. 하지만 저는 더 모자란 아이가 되었습니다. 제가 세상을 째려보자 세상은 그런 저를 더 이상 끌고 다니지 않았습니다. 세상은 제가 자기를 째려봤다고 저를 내팽개쳤습니다. 저는 그렇게 외톨이가 되었지요. 모자람이 떨어져 나간 자리에는 저도 모르는 위선이 싹트기 시작했어요. 그때 위선의 싹을 잘라 버렸어야 했는데……. 오랜 세월, 위선과의 싸움 끝에 깨달았습니다. 모자람은 창피한 게 아니고 떨쳐내야 하는 것도 아니라는 것을. 그제야 제 몸에서 들꽃 내음이 사라진 까닭을 알게 되었습니다. 들꽃 내음은 모자람에 스며 있었는데 그게 떨어져 나갔으니…….

오리가 평화롭게 보이는 건 발짓이 있어서이고 새가 평화롭게 나는 건 날갯짓이 있어서입니다. 마찬가지로 사람이 평화롭게 보이는 건 마음 짓이 있어서지요. 산골 스님이 평화롭게 보이는 건 날마다 마음 짓 하기 때문이에요. 마음 짓을 게을리하면 평화는 시들지요. 발짓하지 않는 오리는 물에 떠 있는 시간이 오래가지 못하고 날갯짓하지 않는 새는 멀리 가지 못합니다. 제 마음에 들꽃이 가득했는데 이제는 황폐해졌습니다. 마음 짓을 멈췄기 때문이죠.

저는 사람들과 잘 어울리지 못하는 병이 있어요. 게다가 모자람도 있으니 저랑 어울리려고 하는 사람도 없습니다. 어쩌다 어울리는 사람이 있어도 그 만남이 오래가지 못합니다. 오히려 저는 이런 현상을 다행으로 여겼습니다. 오래 사귀었다가 헤어지는 슬픔보다 잠깐 만나서 헤어지는 것이 덜 슬프기 때문이지요. 살다가 사람이 그리우면 저는 가끔 들꽃을 보러 갑니다. 스스로 잘난 척하지 않고 늘 웃는 얼굴로 즐겁게 해주는 들꽃! 나마스테꽃, 노라꽃, 날개꽃, 다정이꽃, 다슬기꽃, 댕댕이꽃, 두더지꽃, 무무꽃, 무심꽃, 무지개꽃, 민들레꽃, 반딧불이꽃, 보리밥꽃, 빛바람꽃, 소리샘꽃, 은가비꽃, 신난다꽃, 언연꽃, 원담꽃, 한백꽃, 함박꽃, 향아꽃, 현동꽃,

혜리꽃……. 앵무산 기슭에 가면 볼 수 있는 들꽃들입니다. 결코 야생화가 아니랍니다.

　야생화라고 하면 좀 특별나게 들리고 '들에 사는 꽃'이라고 하면 그냥 평범하게 들립니다. 야생초와 '들에 나는 풀'도 그렇지요. 그건 그만큼 우리말을 사용하지 않았기 때문입니다. 만약 우리말을 어릴 때부터 사용했더라면 자연스럽게 들렸을 텐데 한자 상용이 잦다 보니 마치 한자를 우리말로 번역한 느낌이 드는 거지요. 저 어릴 때만 하더라도 어른들은 한자처럼 살았어요. 한자를 써야 유식하다는 말을 들었거든요. 우리말이 뻔히 쳐다보고 있는데도 아랑곳하지 않고 그렇게 살았습니다. 그 모습이 한글은 들에 사는 꽃이고 한자는 고급 온실에 사는 꽃처럼 보였습니다. 신문을 보더라도 한글은 그저 한자 숲에서 명맥을 유지하는 들꽃에 불과했습니다. 그걸 보고 저는 한글이 참 불쌍하다고 생각했습니다. 누가 한글을 저리도 불쌍하게 만드는가? 한자를 무턱대고 쓰지 말자는 얘기가 아니라 굳이 한자를 쓰지 않아도 되는 말은 한글을 쓰자는 얘기입니다.

　들꽃이라 하여 들에만 피는 게 아니라고 생각합니다. 초가집 마당에도 피고 임금님 사는 궁궐 마당에도 피고 복잡한 도시의 가로수 밑에서도 핍니다. 눈길을 주지 않아도 서운해하지 않는 꽃. 오히려 눈길을 마주치기를 바라는 꽃. 언제 봐도 들꽃은 소박한 행복입니다. 살면서 들꽃을 지나칠 때가 있었는데 이제는 들꽃을 볼 때마다 고개를 숙입니다. 갈라진 아스팔트 길에서, 보도블록 틈에서 피어나는 들꽃을 보노라면 존경하지 않을 수 없어요. 사랑을 자랑하지 않고 모자람과 지나침도 어루만져주는, 만남도 떠남도 즐겁게 해주고 슬픔도 미움도 즐겁게 해주는 들꽃! 이 소박한 행복을 왜 지나치고 살았는지 후회가 막심합니다.

> 버려진 땅에 들꽃이 날아들어
> 파란 하늘에 흰 구름 띄우니
> 사랑이 숨 쉬고 꿈이 숨 쉬네
> 슬픔도 웃고 미움도 웃는 땅
> 들에 펴서 들꽃이 아니라
> 들에 살아서 들꽃이로세

행복이라는 게 대단한 게 아닙니다. 그저 하루하루 평화로우면 그만이지요. 행복은 낮은 곳에 있으니 높이 올라가지 말고, 근심 걱정 잘 다스리면 평화가 보이니 피하지 마세요. 미안한 생각이 들거나 지난 다음에 후회할 것 같으면 행동으로 옮기지 않는 게 좋아요. 행복의 화룡점정은 맞울림입니다. 내가 노래하면 새들도 노래하고 내가 행복할 때 나뭇잎이 춤추는 것, 바로 그런 것이 맞울림입니다. 꽃이 시들었는데 나 혼자 행복하면 좀 미안하지 않겠습니까?

    들꽃 내음이 그리워 고향을 찾았습니다. 흔적이 없다는 말은 이럴 때 쓰라는 건지요? 들판은 사라지고 함께 뛰어놀던 동무들도 보이지 않네요. 장미꽃 한 다발과 들꽃 한 다발은 향기의 차이는 있겠으나 아름다움의 무게는 비슷하지 않을까요? 잘난 꽃 못난 꽃이 어디 있겠느냐마는 향기 좋은 꽃만 기억하고 있는 저는 안타깝게도 어릴 적 들꽃을 잊고 살았습니다. 아니, 제가 잊은 게 아니라 세상이 제 어린 추억을 훔쳐 갔다고 해야 옳아요. 그랬다손 치더라도 그건 저의 잘못입니다. 시골에 살다가 도시로 갔으면 어릴 때 같이 놀던 들꽃을 그리워해야지 어찌 자기가 뛰놀던 들판을 잊을 수 있습니까? 서울로 이사 간 뒤에 저는 그렇게 향기 없는 책으로 살았습니다. 제 몸에서 들꽃 내음이 사라졌다는 것, 그것이 자꾸만 저를 슬프게 합니다.

그리운 들판! 저의 자유가 머물렀던 곳. 들꽃 같은 동무들, 달걀꽃, 토끼풀, 민들레, 쑥부쟁이, 달맞이꽃……. 지금은 어디서 무얼 하는지 보고 싶네요. 찔레꽃 누나는 우리들의 두목이었지요. 장미보다 아름다운 찔레꽃 누나! 아직도 저는 찔레꽃 보면 괜히 눈물이 고입니다. 말없이 밝은 웃음 보내주던 개나리꽃도 있었지요. 철길 옆 코스모스는 왜 그렇게 슬퍼 보였는지. 미안하다. 동무들아, 그동안 너희들을 잊고 살았구나! 어렴풋이 들려오는 들꽃의 노래가 귓가에 맴돕니다. 그 시절 들꽃으로 살았다는 게 얼마나 고마운지 모르겠어요. 산기슭 숨은 길에 예쁜 찔레나무! 찔레꽃 누나는 어디에서 무얼 하며 살고 있는지? 우리에게 사탕도 주고 어떤 날은 초콜릿도 주었지요. 마음 향이 분 냄새보다 좋았던 누나! 어느 날 누나가 보이지 않았습니다. 우리들의 예쁜 두목. 하지만 어른들은 우리가 누나와 어울리는 걸 싫어했어요. 잘 알지도 못하면서……. 찔레꽃 누나는 미군을 따라갔어요. 떠난다는 말도 없이……. 그래서 미웠던 찔레꽃. 꽃병에 며칠 꽂혀 있다가 버려지는 꽃이 되지 않기를 기도했습니다. 보고 싶은 찔레꽃 누나!

다시 들꽃이 될 수 없을지라도 들로 돌아가고 싶습니다.

장미는 아름답긴 하지만 들꽃처럼 사람을 기쁘게 해주지는 않지요. 깊은 산속에 산다고 자연인은 아니지요. 마음만 먹으면 도시에서도 자연인으로 살 수 있어요. 들꽃이 도시에서 살지 못하면 들꽃이 아니고 자연인이 도시에서 살지 못하면 자연인이 아닙니다. 향기가 짙다고 해서 아름다운 게 아닙니다. 사랑이 사랑을 버리고 사랑을 속삭이면 향기 잃은 꽃이 되지요. 사람이 들꽃으로 산다는 것, 그건 행운입니다. 비록 눈에 잘 띄지는 않지만 언제든지 사람을 행복하게 해줄 수 있으니까요. 들꽃 같은 사람을 만나면 저도 덩달아 들꽃이 된 것 같아서 기분이 좋아요. 누군가를 행복하게 해줄 수 있다는 것, 이 어찌 기쁘지 아니하겠습니까!

🎼 부는 저 바람은 어디로 가나
들에 핀 행복을 찾아 헤매고 있나
장미 화원에는 향기가 넘쳐
사랑이 사랑을 버리고 사랑을 속삭이네
아 장미는 아름답지만
저기 저 들판에 들꽃도 아름다워
멀리 떠난 고운 누나 하얀 찔레꽃
들에 핀 동무들이여 내 사랑이여

― 「들에 핀 꽃」, 1980

험한 산 넘어서

봉우리는 반환점이다
정상은 산 아래 있다

　물이 빠지면 섬은 산이 되는가? 우리는 저마다 섬이었다. 섬마다 차이는 있지만 그래도 평화롭게 오며 가며 살았다. 그런데 그 섬들이 하나둘 사라지더니 이상한 산들이 생겨났다. 우리가 모르는 사이에 물이 다 빠져나간 모양이다. 물이 빠지면서 평화도 많이 빠져나갔다. 다시 채워질 날을 기다려야 하는데 그걸 기다리는 사람들이 별로 없다. 그렇다면 물이 빠져나간 게 아니라 말라버린 건지도 모른다. 일이 년 계속 비가 내려도 채워지지 않을 것 같은. 가고 싶은 섬이 있어 공을 들여 배를 만들었는데 소용없게 되었다. 물은 정이고 사랑이었는데 그것이 보이지 않으니 세상이 메마르고 재미가 없어졌다. 예전엔 옷깃만 스쳐도 인연이라고 했는데 요즘엔 그렇지도 않다. 참으로 무서운 세상이 되었다. 사람들이 산으로 보인다. 그것도 험한 산으로. 숲이 우거진 산보다 나무 한 그루 없는 산이 더 험한 산이다. 사람들이 다투는 까닭은 우거진 숲에서 나무 한 그루 없는 산처럼 살기 때문이다. 이해하고 살면 푸른 산이 될 터인데 이해는 버리고 사랑만 취하려 하니 민둥산이 된다.

내가 살던 동네에 산이 있었다. 동네 어디서나 저절로 눈에 들어오는 산이었다. 어쩌다 산과 눈이 마주치기라도 하면 언제 한번 놀러 오라며 산바람을 보내주곤 하였다. 산을 바라볼 때마다 꼭대기에는 뭐가 있는지 궁금하였다. 그랬던 아이가 어른이 되어 처음으로 산을 오르게 되었다. 산이라는 게 계속 올라가는 것이 아니라 내려가기도 하면서 오르는 것임을 알게 되었다.

나에게 첫 봉우리는 대청봉이었다. 그때 참 감개무량했었는데 산을 자주 오르다 보니 그 감개무량했던 마음이 많이 사그라졌다. 봉우리에 오르는 숫자가 늘어날 때마다 순수했던 감정이 닳아 없어지고 그 자리에 나도 모르는 욕심이 생겨났음이다. 에베레스트에 오른 사람을 존경했는데 히말라야 봉우리를 다 오른 사람이 나타났다. 에베레스트 봉우리를 처음 오른 사람이 훌륭한가, 히말라야 봉우리를 모두 오른 사람이 훌륭한가? 두 사람 다 훌륭하다. 욕심이라고 해서 무조건 나쁜 건 아니다. 욕심이 꿈을 데리고 가는 모습보다 꿈이 욕심을 데리고 가는 모습이었으면 좋겠다는 생각이다.

어느 여름날 조령산에 간 적이 있었다. 천천히 능선을 따라 올라가는데 왠지 예사롭지 않다는 느낌이 들었다. 하지만 새로운 봉우리에 오른다는 즐거움으로 그 느낌을 무시했다. 순간 나는 깜짝 놀랐다. 처음 산에 올랐을 때는 아무 생각 없이 봉우리에 올랐던 내가 이제는 봉우리에 오르기 위해서 산을 오르고 있는 것이었다. 욕심이 웃자라 순수를 덮으니 산길을 보지 않고 봉우리만 보게 된 거지. 산신령은 그런 내 마음을 알고는 예전처럼 노래를 주지 않았다. 발 따라 올랐을 때는 산길이 즐거웠는데 눈 따라 오르다 보니 험한 길만 보였다. 이윽고 봉우리가 보였다. 오르막 끝에 봉우리가 한눈에 들어왔다. 거의 다 왔다고 생각한 나는 잠시 쉬어 가기로 하였다. 아직 봉우리에 올라서지 않았는데 다음에 오를 산을 생각했다.

이런 야구 경기가 있었다. 결승전에서 7대 4로 이기던 팀이 9회 말 수비로 들어가자 샴페인을 터트렸다. 그런데 곧 끝날 것 같았던 경기는 어느새 만루에 투 아웃이 되었다. 마지막 타자가 스리볼 투스트라이크가 되자 긴장감이 돌았다. 우승을 눈앞에 둔 팀은 만루 홈런을 얻어맞고 8대 7로 졌다. 내가 그런 상황이었다. 봉우리가 바로 눈앞이었다. 다 왔다고 생각하며 가벼운 마음으로 걸어가는데 오르막 끝에서 느닷없이 아래로 이어지는 길이 나타난 것이다. 아니 이게 뭐야? 세상에 이런 길도 있구나. 선택의 여지가 없었다. 조금 내려가다 보면 다시 오르막이 나타나겠지 했는데 길은 계속 내리막으로 이어졌다. 아니 무슨 산이 이래? 목이 마르고 다리가 풀렸지만 그렇다고 산을 탓할 수는 없었다. 끝날 때까지 끝났다고 생각하면 안 된다는 걸 뼈저리게 느꼈다. 봉우리는 정상이 아니라 반환점이다. 정상은 산 아래에 있다는 걸 비로소 안다.

기억 속에서 서툰 방황 하나가 가물거린다. 울진 가는 버스에 내가 타고 있다. 내가 왜 그 버스에 타고 있는지 모르겠고 방황에 대한 명분도 없어 보인다. 외로움을 도구 삼아 방황하는 게 틀림없다. 순수한 방황이었으면 좋았을 텐데 외로움의 탈을 쓰고 방황하려니 불편하기 이를 데 없다. 험한 길을 가는 사람은 그만한 잘못이 있다. 이것을 운명이라 말해선 아니 된다. 산허리 길을 기침하며 올라가던 버스가 마침내 멈춰 서고 말았다. 더 이상 갈 수 없다는 운전사의 말에 승객들은 그럴 줄 알았다는 표정을 지으며 투덜투덜 내린다. 책임지는 사람은 없고 밤공기는 차갑고 운전사한테 화풀이를 해봤자 아무 소용이 없다는 걸 안 사람들은 어두운 길에서 제 갈 길을 간다. 어떤 사람들은 산허리 길로 걸었고 어떤 사람들은 읍내를 향해 걸었다. 산허리 길은 캄캄했지만 산 아래쪽으로는 읍내 불빛이 보인다. 산허리 길로 가는 사람들은 아마도 집이 그 근처이거나 적어도 길을 잘 아는 사람들일 것이다.

버스를 타면 저절로 목적지에 도착하는 줄 알았다. 도중에 버스가 고장 날 줄 누가 알았겠는가. 낯선 곳에서, 그것도 캄캄한 어둠 속에서 방향을 찾으려고 하니 두려움보다는 외로움이 먼저 밀려온다. 집으로 가는 사람들이 그렇게 부러울 수 없다. 나는 어디로 갈까 망설이다가 통행금지도 있고 해서 불빛이 보이는 읍내로 향했다. 눈보라가 몰아치고 추위가 밀려온다. 멀리 보이는 파출소를 찾아가 사정을 얘기하고 통행금지 시간을 피했다. 긴 의자가 있었지만 내가 앉을 자리는 없었다. 바닥에 앉아서 잠을 자려고 하는데 몸이 쑤시기 시작한다. 하지만 이렇게라도 추위를 피할 수 있다는 게 어디냐고 고맙게 생각했다.

통행금지가 풀리자마자 파출소를 나왔는데 어찌나 추운지 다시 파출소 안으로 들어가고 싶었다. 요즘처럼 흔한 오리털 파카가 유행하던 시절도 아니고 나는 그때 무슨 옷을 입었는지 모르겠으나 추위에 떨면서 버스 정류장으로 향하던 기억이 난다. 버스를 타고 아침나절에 울진 정류장에 내렸다. 우리나라에 이런 곳도 있었구나. 황야를 달려 마을이 나타나는 그런 서부영화의 장면을 보는 것 같았다. 어제 내린 눈이 여기저기 아무렇게 쌓여 있고 낡은 버스 두 대가 서 있는 정류장의 모습은 을씨년스럽다. 그래도 나는 이런 풍경이 싫지는 않았다. 내 처지를 보는 것 같기도 하고 어릴 적 고향에 온 것 같기도 하였다. 욕심이겠지만 카메라가 있었으면 정말 좋을 뻔했다.

두리번거리며 걷는데 어슬렁어슬렁 세 놈이 따라온다. 혹시나 했는데 악당을 만나고 말았다. 서부영화에서도 마을을 괴롭히는 악당들이 나타나지 않던가? 그놈들이 내 앞을 가로막으면서 이런 시골엔 왜 왔느냐면서 시비를 건다. 결국, 돈을 뺏기고 말았다. 스스로 돈을 내놓지 않았다면 내 몸을 뒤졌을 것이다. 다 털리지 않은 걸 다행이라 여기며 나는 천천히 그 자리를 떴다. 그런데 왜 하필이면 울진인가? 어쩌다 이곳까지 왔는지 알 수가 없다. 오늘의 운세인지 아니면 하늘의 뜻인지 아무튼 그것이 울진과의 첫 만남이었다. 벗어나고 싶었던 마음! 도대체 어디에 갇혀 있었기에 벗어나려고 했을까? 아무도 나를 가둬놓은 사람이 없으니 내가 나를 가두어놓은 거로군. 아는 사람 하나 없는 낯선 울진의 하늘과 바람! 여전히 어딘가에 갇혀 있다는 느낌이 들었다.

해 저무는 들녘, 마음속의 길 따라 눈앞의 길을 걷는다. 들길 따라 산길로 접어드니 어슬어슬 어둠이 내린다. 잠시 길을 잃었더니 추위가 밀려오고 때맞춰 두려움도 돋아난다. 여기서 길을 잃으면 얼어 죽을 것이다. 저만치 산기슭에 희미한 불빛이 보인다. 걸음을 재촉하여 그 집으로 향한다. 산 다니면서 신세를 졌던 사람들이 있었는데 대부분 혼자 사는 할머니들이었다. 그런 걸 보면 할머니들이 산을 지키고 있다는 생각이 든다. 이번에도 할머니가 나를 맞이해준다. 세상에 나를 인정해주는 사람 하나 없는데 산골 할머니가 나를 사람으로 대해준다.

사람 사는 게 달리는 기차에서 바라보는 풍경 같다. 가까이 있는 사랑보다 멀리 떨어진 그리움이 따뜻하고 빨리 지나가는 일 년보다 천천히 지나가는 하루가 소중하다. 눈앞에서 빨리 지나가던 가로수는 기억에 없지만 멀리 산이 보였던 것은 기억할 수 있다. 나는 타고 가는 기차의 속도로 그냥 바라보았으니 제대로 본 것이 하나도 없겠구나. 멀리서 나비처럼 날아오는 인생, 내가 눈여겨보지 않는다면 그냥 지나가는 인생이 되는 거다. 굴뚝에서 피어나는 어머니의 저녁밥 짓는 모습, 시냇물 흐르는 소리, 논밭에서 일하는 사람들, 마당에서 노니는 닭······. 기차 타고 가는 인생 말고 기차를 바라보는 인생이었으면 좋겠다. 초라한 나는 또 걷는다. 눈물은 슬픔을 어루만져주는 사랑이다.

내 마음엔 더 이상 푸른 나무가 없다. 내가 섬이었을 때는 바다 내음이라도 맡고 살았는데 메마른 산이 되다 보니 어색하고 흉물스럽다. 너와 나 사이에는 물이 있어야 한다. 물이 없으니 낯설고 서먹하다. 내가 나 같지 않고 너도 너 같지 않다. 외로운 척하다가 가장 중요한 물을 잊고 살았다. 사랑과 우정, 의리 그 모든 게 물속에 있었는데 물이 말라버리니 너와 나 사이에는 아무것도 남은 게 없다. 물이 채워진다 해도 그 물속에 사라진 사랑과 우정 의리가 다시 돌아온다는 보장도 없다. 푸르렀을 때 잘 지켰어야 했는데 말라버리고 나서야 후회하는구나.

달빛을 받아도 반사할 줄 모르는 늙은 별이 내 마음을 지배하고 있다. 나는 그 늙은 별에서 벗어나고 싶다. 나의 뇌는 이미 쇠하여 기억을 제대로 보존할 수 없다. 건들면 허물어질 것 같은 나의 기억들! 잘 건져서 내 아이들한테 보여줘야 하는데 건지다가 허물어질까 봐 함부로 손을 댈 수도 없다. 건져봤자 창피한 기억들이 대부분이겠지만 그래도 잘 건져서 아이들한테 유산으로 남겨주고 싶다. 아버지처럼 살지 말라고 말해야 하니까.

아들아, 아름다운 산이라고 함부로 오르지 마라. 미처 몰랐던 험한 길이 나타난다. 낮은 산이라고 우습게 여기지 마라. 생각지도 않은 예쁜 길이 있다. 산이 높다 해서 명산이 아니고 낮다 해서 동산이 아니다. 산속에는 험한 길, 오붓한 길이 있을 뿐 높고 낮음은 없다. 아름다운 산을 부러워하지 말고 지금 걷고 있는 길을 사랑해라. 어려운 세상! 사람의 그림자를 쉽게 믿지 말고 정 기댈 곳이 없으면 산에 기대거라.

험한 산 넘어서
행복을 찾아가는 길
마음속의 길 따라
눈앞의 길을 걷는다
지친 마음 해는 지고
어둠이 밀려와도
가야 한다, 가야 한다
이 산을 넘어야 한다

산 넘으면 또 산이
차라리 되돌아갈까나
곁님이 있으면
손잡고 넘어갈 텐데
지친 마음 쉬고 싶어
사랑이 그리워도
가야 한다, 가야 한다
이 산을 넘어야 한다

- 「험한 산 넘어서」, 1979/1990

헛살았네

가난한 인생이 초라한 게 아니라
기초 없는 인생이 초라한 거다

　

오래된 사진을 정리하다가 눈에 띄는 사진이 있기에 손에 들고 자세히 들여다보았다. 사진 속의 아이들은 해맑게 웃고 있었고 그 가운데 나도 있었다. 갑자기 눈물이 고였다. 혹시나 해서 다른 사진을 집어 들고 보았는데 이번엔 고였던 눈물이 저절로 흘러내렸다. 나는 이 갑작스러운 현상에 대해서 어찌할 바를 모르고 있다가 사진을 한 장, 한 장 집어 들고 더 자세히 들여다보았다. 풍경 사진, 꽃 사진, 사람 사진 그 어떤 사진을 보아도 흐르는 눈물은 멈추지 않았다. 한편으론 무섭기도 하였다. 혼자만 귀신이 보인다는 어떤 영화의 주인공처럼 나도 그렇게 사진 속에서 그 무엇을 본 것이다.

그동안 살아온 삶이 너무 초라하여 추억 창고를 뒤적거려보았다. 도대체 어떻게 살았기에 이리도 쓸쓸한가? 그나마 괜찮아 보이는 추억도 가까이 들여다보면 깨지거나 금이 가 있었다. 깨진 건 맞추고 싶고 금이 간 건 붙이고 싶고, 그런 추억들이 몇 개는 더 있었다. 그 가운데 하나를 골라 깨진 조각들을 맞추어보았다. 머리를 긁적이며 며칠을 고생한 끝에 추억 하나가 제 모습을 찾았다. 그런데 또 놀라운 일이 일어났다. 내가 사진 속에서 보았던 그 무엇과 똑같은 것이 보이는 것이었다. 도대체 이게 뭐지? 눈을 비비고 또 비비고 한참 동안 생각에 잠겨 있는데 느닷없이 슬픔이라는 말이 떠올랐다. 그렇다면 사진에서 내가 보았다는 것은 슬픔이었구나! 그 어떤 카메라로 찍어도 슬픔이 찍힌다는 사실을 알게 된 나는 비로소 세상이 슬픔으로 되어 있다는 걸 알게 되었고 뭔가 내 마음에 믿음이 하나 움텄다는 사실도 알게 되었다. 나는 그 슬픔을 감히 하느님이라고 생각했다. 하느님을 믿은 적도 없는 내가 하느님을 보았다는 것은 말이 안 되는 거지만 적어도 내가 본 슬픔은 하느님과 무슨 연관이 있다는 건 틀림없었다. 그렇다고 그런 얘기를 함부로 말할 수도 없는 것이, 슬픔을 보았다고 말하면 우리에게 익숙한 그런 슬픔으로 이해할 테니 말이다. 다만 우리가 공기에 소중함을, 물의 소중함을 잊고 살듯 슬픔도 잊고 사는 거라고 말할 수는 있겠다.

어느 날 아침, 동네 산에 올라 마을을 내려다보는데 평소에는 보이지 않던 것이 보였다. 어떤 사물이 아니라 눈에 보이는 모든 것을 감싸고 있는, 뭐라고 표현할 수 없는 그것이 나를 혼란스럽게 하였다. 머리카락이 선 것처럼 정신이 번쩍 들었다. 잠시 뒤 흥분을 가라앉히고 나서야 그것이 슬픔이라는 걸 알았다. 지난날에도 이런 현상이 몇 번 있었는데 그때보다 지금이 더 혼란스러웠다. 이별의 눈물과 사랑의 눈물이 다르듯 지금 내가 보고 있는 슬픔은 우리가 알고 있는 슬픔과는 말만 같을 뿐 서로 다른 것이 분명했다. 뒤늦게라도 슬픔을 하느님이라고 생각한 건 정말 잘한 일이었다. 슬픔을 걷어내면 기쁨이 보인다는 지난날의 내 생각은 잘못된 것이었다. 기쁨은 슬픔 속에서 피어난 꽃일 뿐, 따로 특별한 곳에서 피어나는 게 아니었다. 기쁨이라는 꽃에 속아 인생을 낭비했다고 생각하니 헛살았다는 생각이 든다. 내가 만약 슬픔으로 살았다면 외로운 사람들을 기쁘게 해주었을 텐데……. 슬픔은 걷어내는 게 아니라 잘 가꾸어야 하는 것임을.

후배의 결혼식에 주례를 섰다. 신랑 신부에게 서로 어둠이 되라고 말하자 놀란 표정으로 고개를 들고 나를 쳐다보았다. 즐거웠던 장내 분위기가 갑자기 가라앉았다. 신랑이 어둠이면 신부가 빛나고 신부가 어둠이면 신랑이 빛납니다. 그러므로 서로 어둠이면 컴컴해지는 것이 아니라 서로 빛나게 됩니다. 그제야 가라앉았던 분위기가 풀렸다. 어릴 때는 별처럼 빛나는 인생을 살겠다고 했는데 그것이 얼마나 허무맹랑한 말인지 밤하늘을 천천히 보고 나서야 알게 되었다. 컴컴한 밤하늘이 없다면 별은 빛나지 않는다. 내가 다시 산다면 어둠으로 살고픈 까닭이다. 아니다. 지금부터라도 어둠으로 살아야겠다. 내 아이의 슬픈 별을 빛나게 하려면 내가 어둠이 되어야 하고, 내 아내의 소박한 별을 빛나게 하려면 내가 어둠이 되어야 한다.

인생은 자기에게 주어진 도화지 위에다 그림을 그리는 것이다. 나는 있는 그대로 그리지 않고 멋있게만 그리려고 했다. 한번은 그림이 마음에 들지 않아서 새 도화지를 구해다가 다시 그리려고 했는데 도화지를 어디서 파는지 알 수가 없었다. 정말이지 내가 그린 그림을 볼 때마다 찢어버리고 싶을 때가 한두 번이 아니었다. 하지만 인생의 도화지는 찢어지지도 않고 찢을 수도 없다. 그래서 어디다 숨겨버리려고 했는데 그게 숨긴다고 숨겨지는 것도 아니었다. 마구 그린 내 인생, 이제 와 뉘우치면 무얼 하나. 도화지는 이미 거의 다 채워졌는데. 창피해서 버리려고 해도 버려지지 않는, 어디서 팔지도 않는 내 인생의 도화지! 앞으로 남은 여백에다 하루를 소중히 여기며 정성을 다해 그림을 그리는 게 그나마 용서를 구하는 일이 될 것이다. 뒤돌아보니 인생은 좋은 물감으로 그린다고 멋진 그림이 되는 게 아니었다. 그냥 자기한테 주어진 물감으로 열심히 그리다 보면 좋은 그림이 되는 것이었다. 어떤 그림을 그릴까 생각하지도 않고 그냥 멋있는 그림을 그리려고 좋은 물감을 찾으려고 했던 내 인생이 그렇게 불쌍할 수가 없다. 게다가 그림을 제대로 그릴 생각은 하지 않고 어떤 액자로 할까 고민하지 않았던가? 아, 이 어리석은 놈아! 남한테 보여주려고 인생을 살았단 말인가? 내 인생인데 무슨 액자가 필요한가? 인생은 화첩이 아니라 도화지 한 장이다. 설령 화첩이라고 해도 한 장 한 장 뜯어 펼쳐 놓으면 커다란 한 장 아니겠나!

    한 계단, 한 계단 정성을 다하여 오르면 마침내 새로운 세상을 보게 되는 것을 무엇이 급하다고 두 계단, 세 계단씩 올랐던가? 내가 계단을 기억하지 못하는 것처럼, 계단도 나를 기억하지 못하겠지. 건성으로 올랐기 때문이다. 만약 정성을 다해 계단을 올랐다면 계단도 나를 기억하고 나도 계단을 기억했겠지. 근데 정말 중요한 건 내가 계단을 기억하는 것보다 계단이 나를 기억해주는 것이다. 어떤 사람이 방송에 나와 힘들게 계단을 올랐다고 말한다. 계단은 그게 거짓말인지 사실인지 다 알고 있다.

    계단 하나하나가 새로운 세상인데 나는 계단 꼭대기에만 새로운 세상이 있는 줄 알았다. 계단 하나하나의 세상이 쌓여서 봉우리가 된다는 걸 그때는 몰랐던 거지. 결국, 내 인생은 꼭대기에도 오르지 못하고 내가 걸어온 길도 기억하지 못하는 기초 없는 인생이 되고 말았다. 산 위에 높이 솟은 것이 봉우리가 아니라 한 발, 한 발이 봉우리였다는 것을 이제

와 깨닫는다. 지금껏 내가 뭘 하나 제대로 할 수 없었던 이유가 거기에 있었다. 가난한 인생이 초라한 게 아니라 기초 없는 인생이 초라한 거다. 그나마 노래를 만들 수 있었던 건 정말 기적 같은 일이었다. 아무런 재능이 없는 나를 불쌍히 여겨 노래를 던져 준 산신령이 없었다면 나는 정말 무얼 하며 살았을까? 그때의 고마움을 잊지 말아야 하는데 나는 노래를 내가 만든 것처럼 살았으니 알고 보면 나도 참 은혜를 모르는 인간이다. 누가 나더러 고집이 세다고 하지만 그건 고집이 아니라 아집이다. 그 몹쓸 아집은 사람에게 도움은커녕 상처만 남겼다. 여러 학문을 차근차근 익혔더라면 쓸데없는 아집이 아닌 사회에 도움 되는 고집으로 살았을 텐데……

꿈에 얽매인다는 것은 꿈이 없다는 것이고 이름에 얽매인다는 것은 사람으로 여물지 못했다는 것이다. 꿈을 버리고 이름을 버리면 이렇게 편안한 것을 그때는 왜 몰랐을까? 버리는 훈련을 밥 먹듯이 해야 하는 건데 부질없이 이름에 얽매이고 꿈에 얽매이고 살았네. 목적지에 빨리 닿으려고 두 계단, 세 계단씩 오른 걸 후회하고 반성한다. 차라리 목적지를 생각하지 않고 걸었더라면 저절로 목적지에 닿았을 텐데 말이다. 불행을 있는 그대로 받아들였으면 좋았을 걸 불행에

다 행복이라는 옷을 입혔으니 불행은 얼마나 답답하고 불편했을까? 그건 꿈에다가 색을 입히는 것과 다를 바 없다. 꿈의 빛깔은 목적지에 닿으면 저절로 드러나는 것인데 미리 색을 입혀버렸으니 나는 본연의 꿈을 망가트린 죄인이다. 행복은 행복의 옷이 있고 불행은 불행의 옷이 있는데 내 맘대로 불행의 옷을 벗기고 행복의 옷을 입혔으므로 아주 큰 죄를 저지른 것이다.

작은 꿈이든 큰 꿈이든 괴어 있으면 본질을 잃게 된다. 비싼 카메라든 싸구려 카메라든 일하지 않으면 사진은 없는 거다. 비싼 카메라가 좋은 사진을 남기는 것도 아니고 어떤 카메라든 일하지 않으면 고철일 뿐이다. 허구한 날 꿈만 꾸면 무얼 하나 길을 걸어야 길이 되는 거지. 나는 내가 고철인 것도 모르고 너무 오랜 세월을 웅덩이 속에서 보냈다. 하루는 웅덩이에 비친 별을 보고 별이 나를 찾아왔다고 좋아한 적도 있었다.

술은 나의 벗이었는데 요즘 들어 나를 멀리하는 것 같아 걱정이다. 술이 나를 사랑해주는 줄 알고 마음 놓고 마셨더니 술은 그게 아니라고 말한다. 술을 사랑한다면 술을 마시지 말아야 한다는 것이다. 나는 그 말 같지 않은 말을 무시하고 계속 마셨다. 사랑하는 사람들이 헤어지는 까닭이 거기에 있었다. 오래도록 사랑하려면 사랑을 버려야 하는데 그 말을 이해하지 못하는 것 같다. 버리지 않으면 푸르던 것이 검게 변한다는 것을 모르는 것이다. 술은 그렇게 나한테서 떠날 준비를 하고 있었다. 나도 내가 무얼 잘못했는지는 알겠는데 막상 술이 떠나려고 하니까 세상이 그렇게 어두울 수가 없었다. 며칠 전에도 술에 떠나지 말라고 어리광을 부렸는데 일이 잘 풀리기는커녕 오히려 내가 오므라드는 것 같았다. 누가 나를 사랑한다고 해서 마냥 어리광을 부리면 그 사랑은 떠나게 된다는 것을 알았다. 술뿐만이 아니다. 나는 욕심에도 어리광을 부렸고 하늘에도 어리광을 부렸고 심지어는 나한테도 어리광을 부렸다. 나는 술에 취해 아름다운 벗이 떠나는 것도 모르고 있었다. 술은 나의 가장 다정한 벗이었는데 내가 잘못하여 벗을 떠나게 한 것이다. 돌아서는 사람의 등이 슬프게 보이면 내가 잘못한 것이고 밉게 보여도 내가 잘못한 것이다. 나는 왜 나의 이기심을 옹호하는가? 떠나간 나의 벗이 그립구나. 헛살았다.

  나를 먼저 사랑하고 남을 사랑해야 하는데 나는 그렇게

하지 못했다. 내 몸이 망가지는 것도 모르고 가족을 사랑한다고만 하면 그건 사랑도 아니고 희생도 아니다. 아무리 좋은 생각일지라도 책임지지 못할 거라면 함부로 나서지 말고 아무리 좋은 말일지라도 희망이 되어주지 못한다면 입 다물고 있어야 한다. 착각하여 혼자 잘난 척하는 것은 어리석은 짓이다. 지식과 지식으로 만나는 사람은 오래가지 못한다. 그냥 사람과 사람으로 만나는 게 그나마 오래간다. 나는 실수도 많이 하고 말 함부로 해서 나를 사랑하는 사람들에게 많은 실망을 안겨주었다. 오늘날, 나는 친구도 없고 동무도 없다.

일찍감치 사랑하는 마음을 지녔더라면 평화로운 풍경을 많이 보았을 텐데 너그럽지 못하여 사막 같은 시절을 보냈다. 어머니 아버지 살아생전에 효도는 못 할망정 단 한 번도 아버지 어머니를 사랑한 적이 없었으니 불효자가 따로 없다. 부모님은 나를 낳으시고 키우느라고 고생을 많이 했는데 나 혼자 큰 줄 알고 부모의 사랑은 알지 못했다. 신발이 닳는 것처럼 어머니 아버지 마음도 많이 닳았을 텐데 나는 아버지 어머니한테 새 신발 한번 사드린 적이 없다. 공부를 먼저하고 할 일을 해야 했는데 부모 속만 썩이다가 결국 개살구가 되었다.

아내가 나한테 술 마시지 말라고 하였다. 나는 알았다고 하였다. 어느 날 아내가 외출한 사이에 술을 마셨다. 아내가 돌아와서는 아무 말도 하지 않았다. 나는 아내를 속이는 데 성공했다. 하지만 그건 아내를 속인 게 아니라 나를 속인 것이다. 소주병을 발견한 아내는 모른 척했다. 모른 척하는 게 훌륭한 가르침이라는 것을 알았다. 언젠가 아버지가 말씀하셨지. "아버지는 속일지라도 너 자신은 속이지 마라. 아버지는 너의 뒷바라지를 충분히 하였다." 이제 와 아버지의 사랑을 깨달으면 뭘 하나?

아버지는 참 무뚝뚝한 사람이었다. 나는 아버지처럼 되지 않으리라 다짐했다. 그런데 내가 결혼해서 아이를 낳고 기르다 보니 나도 모르게 무뚝뚝함이 배어 나오곤 하였다. 아버지의 흔적이 내 몸과 마음에 남아 있다는 것이 놀라웠다. 그래서 아이들한테 미안하고 아내한테도 미안하다. 지금까지 살면서 단 한 번도 아내에게 사랑한다는 말을 못 해주었고 단 한 번도 아이들을 안아주지 못했다. 내 마음은 그렇지 않은데 겉으로는 그게 표현이 잘 안 되는 것이었다. 이유야 어찌 되었든 그렇게 쉬운 것도 못 하면서 살았다. 아이들은 저절로 크는 줄 알고 아이들 생각을 깊이 받아들이지 못했다. 살다 보면 저절로 정이 드는 줄 알고 아내의 눈빛을 제대로 읽지 못했다.

얼마 전에 결혼한 아들 집에 집들이를 갔다. 방 두 칸짜리 얻어서 아기자기하게 꾸며놓고 사는 모습을 보니 가슴이 찡했다. 더 좋은 집에 살고 싶었을 텐데 날마다 행복하다고 하니 대견스럽고 자랑스러워서 눈물이 고였다. 어릴 때 안아주고 사랑한다는 말을 자주 해주었더라면 이렇게까지 눈물이 나지 않았을 텐데……. 부디 나처럼 무뚝뚝하지 말고 다정한 아버지가 되어라. 어느 날 우연히 아내의 발뒤꿈치를 보게 되었을 때도 그랬다. 시집오기 전에는 예쁜 뒤꿈치였을 텐데 고생해서 저렇게 거친 뒤꿈치가 되었다. 사랑한다는 말이 그렇게 어려운 것인가? 어찌 되었든 아무리 마음속으로 사랑한다 해도 무뚝뚝한 건 아무짝에도 소용이 없는 일이다. 하늘이 내게 준 소중한 사람을 보듬어주기는커녕 사랑한다는 말도 못 하고 살았으니 참으로 헛살았도다.

옛날과 건주면 요즘 사람들은 입에 욕을 달고 산다. 아이나 어른이나 남자나 여자나 할 것 없이 욕을 하고 산다. 욕을 섞지 않으면 대화가 안 되는 모양이다. 오랜만에 한국 영화를 보았다. 괜찮은 배우라고 생각해서 보았는데 실망이 컸다. 어느 날 또 그 배우가 나오는 영화를 보게 되었는데 마찬가지였다. 한 가지 의문이 생겼다. 배우가 욕을 하는 것은 각본에 있는 대로 하는 것인지 아니면 감독이 시키는 것인지 아니면 배우의 애드리브인지. 한번은 욕을 하도 하기에 영화를 보다가 중간에 나와 버린 적도 있었다. 연기를 잘했던 배우인데 안타깝게도 욕 때문에 연기하는 게 똑같아 보였다. 나중에는 그 배우가 나오는 영화는 저절로 보지 않게 되었다. 내 주위에도 욕을 잘하는 사람이 있었다. 그런데 그 사람이랑 놀다 보니까 나도 모르게 욕을 하게 되어 아내한테 야단도 맞고 그랬다. 나는 그 사람이랑 놀지 않기로 하였다. 아무리 생각해봐도 욕은 하면 안 되는 것이다. 말끝마다 욕을 해대는 사람은 상대방을 겁주려고 그러는 게 아니라 자기방어를 하기 위해서 그러는 것 같다. 어쩌면 욕 잘하는 사람은 겁이 많은 사람인지도 모른다. 자기한테 침범하지 말라고 짖어대는 개와 다를 것이 없으니.

세상의 아름다움을 공짜로 즐겨놓고는 고맙다는 말 한

마디 하지 않고 지금까지 살았네. 우리 동네만 해도 그렇다. 말없이 서 있는 길가의 가로수를 비롯하여 동네를 지켜주는 산과 호수에게 고맙다는 말 한마디를 건넨 적이 없네. 산 다닐 때도 그랬지. 나를 즐겁게 해준 들꽃들에 고맙다고 말했더라면 그들과 벗이 되었을 텐데 이제 와 벗으로 지내자고 하자니 쑥스러워 고개만 숙인다. 천국을 그리워한 적이 있었는데 지나온 날들이 다 천국이었네.

멋있는 인생은 없다. 혹시라도 멋있는 인생이 있다면 그건 다 자기 연출이다. 아이들을 보라. 세상에 멋있는 아이가 어디 있느뇨? 아이들은 멋있는 게 뭔지도 모른다. 그래서 아이들 사진은 아무렇게나 찍어도 천진난만하게 나온다. 하지만 어른들은 '치즈', '김치' 심지어 '하나, 둘, 셋' 하고 신호를 주어도 잘 나오지 않는다. 한 번 찍으면 될 사진을 열 스무 번을 찍는다. 자기 연출 때문이다. 자기다운 사진을 바라는 것이 아니라 자기답지 않은 사진을 바라고 있다. 언젠가 욕심이 동무하자고 말했을 때 그렇게 하자고 할 걸 그랬다. 욕심이라는 걸 무턱대고 나쁘게만 생각할 것도 아니다. 욕심이 나를 변하게 하려는 것은 욕심의 역할이고 누구를 미워하게 만드는 것은 미움의 역할이다. 그와는 달리 사랑은 제 역할을 제대로 하지 않은 것 같다. 나를 버리고 어린 날로 돌아가고 싶다. 그 시절에는 욕심도 미움도 나의 벗이지 않았던가. 끝까지 그들과 사이좋게 지냈더라면 '치즈', '김치' 하지 않더라도 사진은 잘 나왔을 텐데. 이제 와 잘 나온 사진이 하나도 없다는 건 그만큼 자기 연출하며 살았다는 얘기다. 아이 마음으로 돌아갈 수는 없어도 순수를 잃어버렸다는 아쉬움만이라도 지니고 살아야 했는데 잃어버린 것조차 모르고 살았으니 할 말이 없다. 악마 역할을 한 욕심과 미움이 그립다. 그렇지만 천사 역할을 한 사랑은 그다지 보고 싶지 않다.

거짓말하고 욕심하고 오래달리기를 하면 누가 이길까? 욕심은 다스리면 수그러드는데 거짓말은 다스려도 수그러들지 않는다. 거짓말은 강에 떠 있는 달과 같아서 그 어떤 그물로도 건질 수 없다. 거짓말을 했으면 마음속에 박히기 전에 내뱉어야 한다. 그것이 가장 좋은 방법이다. 그렇게 하지 않으면 벌레로 남아 끝까지 괴롭힌다. 살다 보면 거짓말을 할 수밖에 없을 때가 있는데 나는 하지 않아도 될 거짓말을 몇 번 했다. 부끄럽다.

수평적 삶을 사는 게 무난하다고 생각했는데 나이를 먹

다 보니 그 생각이 잘못되었음을 알게 된다. 수직적 삶을 살면 저절로 수평적 삶을 누릴 수 있지만 수평적 삶으로는 수직적 삶을 누릴 수 없다. 음악 공부를 전혀 하지 않은 나에게 하늘은 노래 만드는 재능을 주었다. 하지만 나는 그 일에 충실하지 않고 남의 재능을 부러워한 적이 있었다. 그걸 본 하늘은 화가 나서 노래와 나를 떼어놓았다. 노래가 떠난 뒤에 내 처지를 보니 황량한 들판이 따로 없었다. 세상에 보잘것없는 재능은 없다. 어딘가 쓰임이 있으라고 하늘로부터 부여받은 것인데 그걸 게을리했으니 하늘 눈 밖에 난 것이다.

아픈 환자를 제 몸처럼 돌보는 의사, 가난한 사람들을 위해 변론하는 변호사, 해돋이 사진을 담기 위해 산에 오르는 사람……. 오늘도 사회 구성원들은 자기한테 주어진 일을 열심히 한다. 그런데 나는 내게 주어진 일을 열심히 하지 않았다. 뒤돌아보니 내가 살아온 것은 수평적 삶도 아니었고 수직적 삶도 아니었다. 하늘은 내게 수직적 삶을 살라 하였는데 내 마음대로 수평적 삶을 살려고 하였다. 뉘우치고 반성해도 하늘은 아무런 대답이 없다. 이제 나는 수평적 삶도, 수직적 삶도 살 수 없다. 이미 죄를 지었기 때문에 용서를 구한다 해도 마음이 편치 않다. 어느 날 떠났던 노래가 돌아와 나를 용서해주긴 했지만, 하늘이 용서해준 건 아니었다. 어떠한 일이 있어도 하늘의 뜻은 거역하지 말았어야 했다. 모든 일에는 욕심이 관여한다. 욕심을 데리고 산을 넘을 수는 있지만, 욕심에 끌려 산을 넘으면 넘는다고 해도 자랑할 일이 못 된다. 헛살았다!

🎼 내가 다시 산다면 슬픔으로 살겠어

꿈도 버리고 사랑도 버리고

눈물 모아서 노래 만들어

그대 외로움 춤추게 하리라

헛살았네, 헛살았어, 헛살았네, 헛살았어

내가 다시 산다면 어둠으로 살겠어

이름도 버리고 그림자도 버리고

미움 모아서 사랑 만들어

슬픈 너의 별 빛나게 하리라

내가 다시 산다면 사랑으로 살겠어

나도 버리고 너도 버리고

이슬 모아서 기쁨 만들어

시든 꽃밭에 뿌려주리라

헛살았네, 헛살았어. 헛살았네, 헛살았어

-「헛살았네」, 2012/2025

글을 마치며

어제의 발자국이 사라지듯
오늘의 발자국도 사라지겠지
다시 첫발자국!
지금까지 걸어온 길을
잊자는 게 아니다
다른 길로 가자는 것도 아니다
꿈을 사랑하기에 꿈을 잊나니
봉우리는 오르지 않으리라
봉우리는 올라서는 기쁨이 아니라
바라보는 슬픔이다

슬픔을 사랑한 여행자
ⓒ 훈돌, 2025

초판 1쇄 인쇄 2025년 11월 20일
초판 1쇄 발행 2025년 12월 5일

지은이 훈돌
기획실 정진우 정재우
주간 김종숙 | 편집 김은혜 정소영 김혜원
디자인 강희철 | 마케팅 홍보 고다희
디지털콘텐츠 구지영 | 제작 관리 윤준수 고은정 이원희

펴낸곳 열림원 | 펴낸이 정중모 방선영
출판등록 1980년 5월 19일(제406-2000-000204호)
주소 경기도 파주시 회동길 152
전화 031-955-0700 | 팩스 031-955-0661
홈페이지 www.yolimwon.com | 이메일 editor@yolimwon.com
페이스북 /yolimwon | 트위터 @yolimwon | 인스타그램 @yolimwon

ISBN 979-11-7040-369-2 03810

* 저자와 출판사의 서면 허락 없이 내용의 일부를 무단 사용하거나 발췌하는 것을 금합니다.
* 책값은 뒤표지에 있습니다. 잘못된 책은 구입하신 곳에서 교환해드립니다.